VOCÊ PODE TER UMA
MEMÓRIA
INCRÍVEL

Dados Internacionais de Catalogação na Publicação (CIP)
(Jeane Passos de Souza – CRB 8ª/6189)

O'Brien, Dominic
    Você pode ter uma memória incrível: técnicas e dicas do mestre da memorização para transformar sua vida / Dominic O'Brien; tradução de Carlos David Szlak – São Paulo: Editora Senac São Paulo, 2017.

    Título original: You can have an amazing memory.
    ISBN 978-85-396-1177-5

    1. Psicologia: Memória – Treinamento 2. Memória: Técnicas de memorização I. Título.

16-450s

CDD-153.14
BISAC PSY036000

Índice para catálogo sistemático:
1. Psicologia : Memória : Memorização 153.14

VOCÊ PODE TER UMA MEMÓRIA INCRÍVEL

Técnicas e dicas do mestre da memorização para transformar sua vida

DOMINIC O'BRIEN
Oito vezes campeão mundial de memória

Tradução: Carlos David Szlak

Editora Senac São Paulo – São Paulo – 2017

ADMINISTRAÇÃO REGIONAL DO SENAC NO ESTADO DE SÃO PAULO
Presidente do Conselho Regional: Abram Szajman
Diretor do Departamento Regional: Luiz Francisco de A. Salgado
Superintendente Universitário e de Desenvolvimento: Luiz Carlos Dourado

EDITORA SENAC SÃO PAULO
Conselho Editorial: Luiz Francisco de A. Salgado
Luiz Carlos Dourado
Darcio Sayad Maia
Lucila Mara Sbrana Sciotti
Luís Américo Tousi Botelho

Gerente/Publisher: Luís Américo Tousi Botelho
Coordenação Editorial: Verônica Pirani de Oliveira
Prospecção: Andreza Fernandes dos Passos de Paula, Dolores Crisci Manzano, Paloma Marques Santos
Administrativo: Marina P. Alves
Comercial: Aldair Novais Pereira
Comunicação e Eventos: Tania Mayumi Doyama Natal

Edição de Texto: Rafael Barcellos Machado
Preparação de Texto: Janaina Lira
Coordenação de Revisão de Texto: Marcelo Nardeli
Revisão de Texto: Patricia B. Almeida, Gabriela L. Adami
Coordenação de Arte: Antonio Carlos De Angelis
Capa e Editoração Eletrônica: Sandra Regina Santana
Impressão e Acabamento: Gráfica Rettec

Título original: *You can have an amazing memory*
Texto © Dominic O'Brien 2011
Ilustrações © Watkins Media 2011
Publicado pela primeira vez no Reino Unido e nos Estados Unidos em 2011
por Watkins Media Limited
www.watkinspublishing.com

Proibida a reprodução sem autorização expressa.
Todos os direitos desta edição reservados à:
Editora Senac São Paulo
Av. Engenheiro Eusébio Stevaux, 823 – Prédio Editora
Jurubatuba – CEP 04696-000 – São Paulo – SP
Tel. (11) 2187-4450
editora@sp.senac.br
https://www.editorasenacsp.com.br

© Edição brasileira: Editora Senac São Paulo, 2017

SUMÁRIO

Prefácio, 7
Como usar este livro, 11
Capítulo 1 – Sua memória, minha memória, 15
Capítulo 2 – Como tudo começou, 21
Capítulo 3 – Memória e criatividade, 27
Capítulo 4 – O poder da associação, 33
Capítulo 5 – Dimensões da associação, 35
Capítulo 6 – Correntes de associação, 41
Capítulo 7 – O método da ligação, 45
Capítulo 8 – Eureca! Minha primeira tentativa bem-sucedida, 53
Capítulo 9 – Planejando o método da jornada, 59
Capítulo 10 – Usando o método da jornada, 65
Capítulo 11 – Evidências em relação ao método da jornada, 77
Capítulo 12 – Cinco sugestões para criar um banco de jornadas, 83
Capítulo 13 – A arte de girar os pratos da memória, 91
Capítulo 14 – Das cartas aos números, 99
Capítulo 15 – O Sistema Dominic, 109
Capítulo 16 – Pares duplos e imagens complexas, 117
Capítulo 17 – Tornando-me um ás das cartas: diversos baralhos, 123
Capítulo 18 – Ganhando velocidade, 135
Capítulo 19 – Decifrando o cérebro: das técnicas à tecnologia, 141
Capítulo 20 – O primeiro Campeonato Mundial de Memória, 149
Capítulo 21 – Prova do campeonato: dígitos binários, 153
Capítulo 22 – Prova do campeonato: nomes e rostos, 159
Capítulo 23 – Prova do campeonato: imagens abstratas, 169
Capítulo 24 – A vida de um campeão de memorização: fazendo discursos, 175
Capítulo 25 – A vida de um campeão de memorização: como ser uma fábrica de fatos, 185
Capítulo 26 – Utilizando as ferramentas: estudo e aprendizado, 191
Capítulo 27 – Utilizando as ferramentas: maneiras de treinar a memória diariamente, 203
Capítulo 28 – Utilizando as ferramentas: só por prazer, 215
Capítulo 29 – A idade equivale à experiência, e não ao esquecimento, 221
Capítulo 30 – Depois de fazer tudo isso, o que posso esperar agora?, 235
Capítulo 31 – Considere o que você pode fazer agora, 241
Epílogo – Os campeões do futuro, 249
Índice remissivo, 256

"A mente é como um baú: se o conteúdo é bem empacotado, guarda quase tudo; se mal empacotado, não guarda quase nada."

Augustus William Hare e Julius Charles Hare
Guesses at Truth, by Two Brothers, 1827

PREFÁCIO

Em minha infância, recebi o diagnóstico de dislexia. Na escola, um professor me disse que eu não daria certo na vida. De fato, durante os meus anos escolares, ninguém depositava muita esperança em mim. Sem dúvida, ninguém imaginava que algum dia eu figuraria no *Guinness World Records*, pelo que alguns consideraram uma façanha espantosa de capacidade mental; ou que eu me tornaria campeão mundial de memória, não apenas uma vez, mas oito vezes! Eis alguns comentários em meu boletim escolar quando eu tinha 10 anos (é uma leitura desagradável):

"Ele tende a devanear no meio de um cálculo, o que o leva a perder o fio da meada."

"[Dominic] não presta muita atenção. Parece saber mais do universo do que da Terra."

"Extremamente lento. Muitas vezes, não consegue repetir a pergunta. Precisa se concentrar."

"A não ser que Dominic mude drasticamente e se dedique com afinco, ele não vai obter sucesso. Ele é exageradamente lento."

Embora soem duros, esses comentários traçam um quadro bastante fiel de meu estado de espírito na infância. Eu sentia que meu cérebro era como um músculo que estava permanentemente relaxado. Meus professores sabiam disso e sempre se frustravam comigo. Naquele tempo, eles não eram regidos pelos mesmos códigos de conduta de hoje, e um deles, em particular, tratava-me de modo pavoroso: sacudia-me, gritava comigo e me humilhava na frente de meus colegas. Acho que ele esperava me tirar de minha aparente letargia.

Obviamente, ir à escola tornou-se algo bastante estressante para mim. Na realidade, fiquei completamente apavorado em relação a ela. Aos 11 anos, odiava aquilo, mas não só isso: também perdi completamente a autoestima. É triste dizer que atravessar o portão da escola e alcançar a rua o quanto antes parecia (na ocasião, ao menos) uma das horas mais felizes de minha vida.

Quase quinze anos depois, de modo autodidata, aprendi a memorizar um baralho de cartas. Não consigo descrever minha sensação: não só realizei uma façanha incrível de agilidade mental, mas também alcancei uma conquista simbólica. Vinguei-me de todos os maus-tratos, da negatividade e dos comentários desfavoráveis que recebi em minha infância. De repente, percebi que talvez não estivesse destinado a ser o fracasso que todos tinham previsto. Pensei: se conseguia lidar com um baralho de cartas, o que mais eu seria capaz de realizar? Lentamente, com toda a nova indicação de que eu poderia desenvolver sozinho uma memória incrível, comecei a ganhar autoconfiança e fé em mim mesmo, e um mundo de oportunidades se abriu diante de mim.

Então, meu músculo da memória, que era um tanto flácido no passado, foi seriamente posto à prova. Ao longo de 25 anos, um regime rígido de treinamento da memória o transformou em algo que está belamente tonificado e do qual tenho imenso orgulho. Que pena que não descobri e pratiquei a arte da memória no tempo da escola.

Neste livro, quero mostrar como você pode treinar a memória não só para executar acrobacias mentais que jamais pensou conseguir, mas também para melhorar muito sua confiança, exatamente como aconteceu comigo. Ao vislumbrar o potencial existente em sua memória, você logo perceberá que ele também é aplicável a outros aspectos da capacidade mental: desde seu poder de concentração e sua capacidade de pensar e reagir rapidamente (a "inteligência fluida") até sua confiança como contador de histórias ou palestrante, e mesmo sua capacidade de ser jogado em um grupo de pessoas que você não conhece e interagir com elas como se as conhecesse muito bem.

Ao conduzi-lo pelo caminho de minha própria jornada de descoberta, mapeando as rotas e os atalhos que me trouxeram até onde estou – e me tornaram quem sou – hoje, espero ser capaz de lhe dar as ferramentas para encontrar sua própria e maravilhosa memória. E espero que você aproveite o percurso tanto quanto eu aproveitei.

Dominic O'Brien

COMO USAR ESTE LIVRO

Ao contrário de muitos outros guias para a melhoria da memória, este livro não pretende ser uma introdução exaustiva a respeito de todas as técnicas de memorização existentes. Em vez disso, ele envolve a revelação de minha jornada rumo ao poder da memória e de minhas descobertas acerca do funcionamento do cérebro humano. Até agora, ganhei o Campeonato Mundial de Memória oito vezes e fui capaz de conseguir isso porque, por tentativa e erro – e por meio de perseverança e dedicação cuidadosa e firme –, descobri as técnicas específicas que me garantiram uma memória perfeita (bem, quase perfeita). Este livro é minha forma de compartilhar essas técnicas da maneira que sei que funcionam, pois foi como funcionaram para mim.

Para aproveitar ao máximo este livro, procure resistir à tentação de folheá-lo, lendo os capítulos de acordo com uma seleção aleatória. Na primeira metade do livro, cada capítulo se baseia nas descobertas que ocorreram previamente. Assim, certas técnicas ou detalhes podem não fazer sentido se a leitura não acontecer em sequência. A segunda metade do livro fornece todos os modos pelos quais as técnicas podem ser aplicadas, em uma prática especializada ou na vida cotidiana, e também algumas sugestões de como assegurar que seu corpo e sua mente estejam saudáveis – outro aspecto importante do treinamento da memória.

Você talvez esteja curioso para saber quanto tempo levará para que as técnicas funcionem. Não há prazos fixos. Algumas técnicas podem ser entendidas por você em um instante, enquanto outras podem requerer mais prática. O importante é não desistir. Sugiro, porém, que você não avance rumo a uma nova técnica ou a um novo desafio em seu treinamento da memória antes de se sentir totalmente confiante em relação ao passo anterior. É inútil, por exemplo, tentar memorizar um baralho completo de cartas se não conseguiu fazer isso sem erro com apenas vinte cartas. Se tentar isso muito cedo, só se frustrará e, provavelmente, desistirá completamente.

Outro detalhe importante é que, embora o livro apresente os métodos, você precisará praticar. Se preferir, você poderá dedicar algum tempo todos os dias para a memorização de algumas cartas ou de uma sequência de números, mas, na realidade, a vida diária apresenta todo tipo de oportunidade para você conseguir tempo de praticar sem a sensação de que tem de fazer um esforço especial. No capítulo 27, abordarei isso.

No livro também existem quinze exercícios. O primeiro e o último são testes referenciais: você poderá constatar até onde chegou conforme a melhora de sua pontuação. Os outros treze exercícios se relacionam a aspectos específicos do treinamento da memória, estimulando-o a exercitar habilidades ou repetir certos desafios que desenvolvem a capacidade de memória. Diversos deles incluem elementos com tempo determinado.

É realmente importante que, ao memorizar, você não preste atenção no relógio. Assim, recomendo enfaticamente que você realize esses exercícios usando um temporizador com alarme ajustado para tocar quando acabar o tempo fixado.

Mais que tudo, porém, tente manter a mente aberta. Leia as técnicas e pratique os exercícios com uma atitude positiva, pois tenho certeza de que o sucesso começa quando você acredita. Boa sorte!

CAPÍTULO 1

SUA MEMÓRIA, MINHA MEMÓRIA

O cérebro humano possui duas metades, ou melhor, dois hemisférios: o esquerdo e o direito. Em geral, atualmente aceita-se e entende-se que o hemisfério esquerdo governa a atividade do lado direito do corpo e que o hemisfério direito governa a atividade do lado esquerdo do corpo. Isso pode explicar por que os testes revelam que sou dominante do lado direito do cérebro: sou canhoto na maioria das atividades. Escrevo e arremesso com a mão esquerda e chuto a bola com o pé esquerdo (fui ponta-esquerda no time de futebol da escola). Contudo, exatamente de que maneira os hemisférios do cérebro funcionam? E essa divisão é tão simples assim?

As teorias a respeito das funções hemisféricas esquerda-direita do cérebro estão sempre mudando. Em 1981, o cobiçado Prêmio Nobel de Medicina foi concedido ao neuropsicólogo Roger Sperry por seu trabalho com a pesquisa sobre divisão do cérebro. Sperry demonstrou que cada hemisfério é responsável por funções específicas. Assim, que lado faz o quê? Desde os anos 1980, afirma-se que o hemisfério esquerdo é responsável pela sequência, pela lógica, pela fala, pela análise e pela habilidade matemática; enquanto o direito está envolvido com a imaginação, a cor, o ritmo, a dimensão e a percepção espacial. No entanto, a pesquisa mais recente sugere que a distinção pode não ser tão bem definida. Atualmente, os psicólogos acreditam que os dois hemisférios estão envolvidos em todas essas funções; o que ocorre é que os dois lados processam as funções de maneiras distintas. Por exemplo, acreditamos agora que o hemisfério esquerdo está mais preocupado com os detalhes, enquanto o hemisfério direito considera o panorama mais amplo. A maneira pela qual armazenamos e entendemos o idioma é realmente um bom exemplo. Embora o lado esquerdo do cérebro possa ser responsável pelo armazenamento e ordenamento das palavras, o lado direito se ocupa de coisas como entonação e humor; isto é, como o tom de voz de alguém pode influenciar como interpretamos as palavras proferidas.

Considere a frase: "Mas que belo serviço você fez!". Em um contexto normal, se alguém diz isso para você em um tom amigável, o comentário pode ser considerado um elogio. Porém, se na verdade o serviço foi ruim e a pessoa proferir as palavras em outro tom, pode-se percebê-lo como um comentário irônico. Se, nesse último contexto, você o entendesse como um elogio, provavelmente estaria demonstrando uma redução na função do lado direito do cérebro – ou seja, você entendeu as palavras literalmente, o que é uma característica do lado esquerdo do cérebro. A insinuação é que o lado esquerdo do cérebro possui pouco ou nenhum senso de humor, enquanto o lado direito adota uma visão de mundo menos literal, mais ampla, e decide em que tipo de detalhe o lado esquerdo deve se concentrar.

Em minha opinião, pôr a memória em forma envolve fazer os dois lados do cérebro colaborarem do modo mais eficaz possível.

Por isso, vou ensinar a aplicar a lógica, a ordenação e o pensamento (tendências do lado esquerdo do cérebro) às imagens imaginativas, pitorescas e engraçadas (tendências do lado direito), para ter tudo funcionando em perfeita sincronia. O melhor de tudo: você não sentirá que está tendo de se esforçar para conseguir isso; com um pouco de prática, a harmonização dos dois lados do cérebro passará a vir naturalmente, e a memória começará a dar a impressão de que está ficando maior, melhor e mais forte a cada dia.

NO INTERIOR DE MINHA MENTE: PESSOA CRIATIVA (OU SEJA, QUE UTILIZA O LADO DIREITO DO CÉREBRO)

Lembro que, na sala de aula da escola, eu passava muito tempo olhando pela janela, desejando estar em outro lugar, ou contemplando vagamente o rosto da professora, mas sem me concentrar realmente nas palavras que ela estava dizendo. Eu sonhava acordado a maior parte do tempo. Você talvez ache que meus devaneios eram histórias fantásticas, com alguma lógica subjacente, mas não eram; eram histórias casuais, dispersas. Deixava que minha mente vagasse e mudasse de narrativas rapidamente e ao acaso. Pergunto-me se o lado esquerdo de meu cérebro não estava em um estado adequado para processar detalhes por um período de tempo razoável, o que significava que o lado direito era deixado constantemente incontrolado, podendo vagar livremente. Embora na ocasião isso significasse um desastre para o meu aproveitamento escolar, acredito que minha capacidade de ver as coisas de todos os ângulos deixou-me aberto à criatividade, que é fundamental no treinamento da memória.

A primeira tentativa: examine sua memória

Para obter uma referência capaz de medir sua melhoria enquanto aprende as técnicas deste livro, você precisará de um ponto de partida. Nas páginas a seguir, forneço dois testes básicos que apresento a todos os meus alunos para a obtenção de uma medida da capacidade de memória deles.

A memória de curto prazo pode manter confortavelmente blocos de cerca de sete a nove unidades de informação apenas. Eis por que, excluindo o código de área, os números de telefone tendem a ter de oito a nove dígitos. Além disso, o aprendizado mecânico, ou o aprendizado por repetição, não é necessariamente a melhor maneira de adicionar algo à memória. Assim, o uso de uma estratégia produzirá os melhores resultados para o teste.

Faça uma tentativa com cada um dos testes. Se você considerá-los difíceis, é quase certamente porque ainda não ensinei as melhores estratégias relativas à memorização. Se você achar que pontuou de modo insatisfatório em um teste, ou nos dois, não seja demasiado severo consigo mesmo. Mantenha um registro de suas pontuações e, em seguida, após a leitura do livro e quando estiver confiante a respeito do uso das técnicas, faça os testes de comparação no fim do livro. Espero que minhas experiências de trabalho com a memória, as descobertas que fiz e as técnicas que aprendi sozinho ao longo do caminho permitam que você expanda sua memória para mais perto de seu verdadeiro potencial. Preste atenção no que preciso dizer: até agora, constatei que o potencial de minha memória – e de todas as memórias que ajudei a treinar – é infinito!

EXERCÍCIO 1: a pontuação de sua memória básica

Os dois testes a seguir oferecerão uma leitura de sua memória básica, em comparação com a qual você poderá medir seu progresso enquanto aprende as técnicas apresentadas neste livro. O primeiro teste contém uma lista de trinta palavras, que você deve memorizar na ordem exata. O segundo teste contém uma lista de números, que você também deve memorizar na ordem correta. Para cada teste, a duração máxima é de três minutos. Ajuste um temporizador para que você não tenha de ficar levantando os olhos para ver quanto tempo está faltando. Os sistemas de pontuação são dados no final de cada teste.

TESTE 1: palavras memorizadas em três minutos

Tente memorizar as palavras a seguir na ordem correta (começando com a primeira coluna à esquerda e lendo no sentido descendente), com a grafia correta. Você tem três minutos para realizar a memorização e todo o tempo de que precisar para anotar as palavras após os três minutos se esgotarem. Sem olhar!

VIOLINO	ORQUESTRA	LÁPIS
CAVALEIRO	ARENQUE	SELO
MALA	PASTA	ARCO-ÍRIS
COLAR	JANELA	TAPETE
BOLA	MESA	PÊSSEGO
BEBÊ	VINCO	ROLHA
MÁSCARA	CÍRCULO	PLANETA
ROSA	FOTO	REVISTA
TORRE	ELEFANTE	OURO
GENGIBRE	TROFÉU	RELÓGIO

Pontuação: adicione um ponto por palavra se ela estiver na posição correta da sequência. Subtraia um ponto por cada erro de posição (ou seja, se você esqueceu uma palavra ou pôs uma palavra no lugar errado). Se você alterar a ordem de colocação de duas palavras, subtraia dois pontos. No entanto, se a próxima palavra estiver correta, a pontuação continua como se você não tivesse cometido um erro. Nesse teste, a pontuação média para estudantes com idades entre 10 e 14 anos é de 9,5, mas minha expectativa é de que adultos alcancem uma pontuação um pouco maior.

TESTE 2: números memorizados em três minutos

Tente memorizar os números a seguir na ordem correta, lendo da esquerda para a direita. Você tem três minutos para realizar a memorização e todo o tempo de que precisar para anotar os números a partir da memória após os três minutos se esgotarem. Como antes, sem olhar!

1	7	1	8	9	4	6	4	3	9
2	5	3	7	3	2	4	8	5	6
4	6	9	3	7	8	3	1	7	8

Pontuação: anote o máximo de números que você consegue lembrar e na sequência correta. Adicione um ponto para um número correto e subtraia um ponto para qualquer número que estiver incorreto ou fora de lugar (se você puser dois números na sequência incorreta, subtraia dois pontos; mas a pontuação continua se o número seguinte estiver correto, como no teste das palavras). Nesse teste, estudantes apresentam uma pontuação média de 12, mas, como no teste das palavras, minha expectativa é de que adultos alcancem uma pontuação um pouco maior.

CAPÍTULO 2

COMO TUDO COMEÇOU

A memória é uma função do cérebro que a maioria de nós subestima. As pessoas de memória fraca, ou seja, aquelas que frequentemente esquecem aniversários de amigos ou parentes, que não conseguem se lembrar de nomes ou que têm de voltar ao supermercado porque se esqueceram de comprar alguma coisa podem exclamar para si mesmas: "Quisera eu ter uma memória melhor!". No entanto, é improvável que elas empreguem essas palavras com um significado verdadeiro. Poucos se dão ao trabalho de parar e avaliar a ferramenta incrível e vital que é a memória. Façamos uma pequena experiência mental: por alguns instantes, imagine o que sua vida seria sem sua maravilhosa memória. Você não teria nenhuma lembrança de amigos, da família ou de arredores outrora familiares. De fato, você perderia sua identidade. Seu senso de pertencimento (com pessoas e a lugares específicos) desapareceria. Em parte, a autoimagem gira em torno de erros a partir dos quais você aprendeu e das realizações de que você sente orgulho, e estas também seriam apagadas. A falta do senso de entrosamento de seu eu pleno e complexo com todos os seus tropeços e pontos de vista seria algo trágico.

De modo oposto, uma memória poderosa e em pleno funcionamento não só é um instrumento prático, que nos habilita a realizar coisas cotidianas, como telefonar para um parente, achar nossas chaves ou preparar uma pizza, mas também nos fornece uma grande riqueza interior, pessoal. Aprendi que minha memória é muito maior do que todas as coisas que armazenei nela: ela me dá autoconfiança, conforto e uma força inerente relativa à crença de quem sou. Mas falaremos mais a respeito disso depois. Em primeiro lugar, quero levá-lo de volta ao início de minha jornada de memorização, que começou em 1987, quando eu tinha 30 anos. Na tevê, assisti ao mnemonista Creighton Carvello lembrar-se de uma sequência aleatória de 52 cartas, e fiquei fascinado, querendo saber como ele era capaz de alcançar um feito tão impressionante, aparentemente quase sobre-humano, da capacidade de memória. Ele era um gênio ou usava uma estratégia? Ele era uma aberração da natureza ou era realmente inteligente?

Munido de um baralho de cartas, comecei a tentar reproduzir a façanha dele. No entanto, como a maioria das pessoas, consegui me lembrar só das primeiras cinco ou seis cartas antes de ser dominado pela sequência confusa de números e naipes. Queria saber como Carvello fora capaz de alcançar aquele aparente milagre mental. O mistério começou a me absorver totalmente. Senti-me compelido a investigar a qualidade estranha da mente de Creighton Carvello de todos os ângulos. Por quê? Porque acreditava que, se ele era capaz de fazer aquilo, eu também conseguiria.

Meu ponto de partida foi um jogo que lembrei que praticava quando era criança, para ajudar a passar o tempo nas intermináveis viagens de carro. Nós o chamávamos de "Eu coloquei em minha sacola". Talvez você já tenha brincado disso: sucessivamente, cada participante adiciona um item na lista do que está dentro da sacola, repetindo tudo o que foi posto antes: "Eu coloquei em minha sacola um livro", depois "Eu coloquei em minha sacola um livro e um guarda-chuva", e assim por diante. Quando um participante esquecia um item, saía do jogo, até haver um ganhador. Embora eu fosse bastante bom nessa brincadeira, como a maioria das pessoas eu simplesmente repetia as palavras muitas vezes em minha mente, esperando que se fixassem nela de alguma forma e, às vezes, visualizava os itens dispostos em uma fila para me ajudar. Em geral, porém, não me lembro de usar uma estratégia específica para tornar o jogo mais fácil ou para melhorar minha habilidade.

Pensei nesse jogo considerando o que havia visto no desafio de Creighton Carvello. No entanto, logo ficou evidente que ele não usava a repetição para fixar a sequência de cartas: Carvello virava cada carta, olhava para ela apenas uma vez e depois virava a seguinte. Ele jamais voltava para rever as cartas, nem mesmo olhava para qualquer uma delas de novo. Assim, obviamente, ele não revia a sequência para incorporá-la. Nesse caso, o que ele estava fazendo? E, mais direto ao ponto, como exatamente eu iria memorizar 52 cartas de baralho sem revê-las?

Considerei se poderia codificar partes de meu corpo movendo-as de determinada maneira, dependendo das cartas que eu virava. Por exemplo, se a primeira carta fosse um 3 de paus, eu poderia virar minha cabeça em cerca de três graus; se a segunda carta fosse o rei de espadas, eu talvez movesse minha língua para minha bochecha esquerda, e assim por diante. Não havia uma ligação imediata entre os movimentos e as cartas, mas minha expectativa era que se eu aprendesse os códigos físicos e os utilizasse em minhas tentativas de memorização, a sequência se fixaria mais facilmente do que apenas os nomes das cartas. Rapidamente percebi que esse sistema era impraticável. Então, como alternativa, considerei se uma fórmula matemática poderia ser útil. Por exemplo, se as duas primeiras cartas fossem 4 e 8, poderia multiplicar as duas e obter 32; no entanto, como eu memorizaria 32? E como eu iria incorporar o naipe? Nenhum dos meus sistemas parecia funcionar perfeitamente.

Não demorou para eu me dar conta de que partes do corpo e matemática eram pistas falsas. Lembro-me de ir até a biblioteca local para ver se a solução poderia ser encontrada em um livro, mas, naquela época, não existiam livros sobre treinamento da memória. Além disso, não podia pesquisar na internet, pois ela ainda não tinha sido inventada. A única maneira de achar a resposta – se é que havia uma – era mediante tentativa e erro.

Embora a lógica e a capacidade de dedução tivessem de desempenhar algum papel (ainda que eu não tivesse muita certeza de qual), logo se tornou claro para mim que o caminho para o sucesso estava dentro de minha imaginação e criatividade. Tinha ouvido dizer que a criação de uma história era uma maneira de memorizar a informação, então considerei essa ideia. Os minutos se transformaram em horas e, em seguida, em dias. Comecei a "identificar" pessoas e objetos nas cartas (veja p. 53), de modo que, com o tempo, fui capaz de memorizar cerca de uma dúzia de cartas sem erro. Utilizei meus códigos em desenvolvimento associados às cartas para criar uma história para cada sequência, e isso pareceu funcionar. Para minha mente isso foi um pequeno, mas importante progresso e, sem dúvida, proporcionou-me incentivo suficiente para perseverar na ideia, até eu conseguir fazer exatamente o que Creighton Carvello tinha feito.

De fato, desde meu primeiro flerte com esse desafio referente à memória, não precisei de muitos dias para ter sucesso. Usando uma combinação do método que envolvia a criação de uma história e do uso do local (mais detalhes acerca disso posteriormente), lembrei-me da sequência de 52 cartas sem erro. Até hoje, quando trago de volta a lembrança daquele momento, recapturo em detalhes perfeitos o que senti por finalmente ter feito aquilo. Não foi apenas uma façanha, foi também um momento completamente empoderador. Nunca me sentira daquela maneira antes. Fiquei embriagado com aquilo e, sem dúvida, não iria parar ali. Em um período de tempo relativamente curto, por meio da curiosidade, da persistência, da tentativa e erro e da determinação absoluta, utilizei minha estratégia para memorizar não apenas um baralho, mas diversos deles após apenas uma única visualização de cada carta. No processo, comecei uma jornada para transformar minha capacidade de memorização – e muito mais além disso. Acredito que aqueles primeiros passos ativaram uma sequência de acontecimentos que resultaria em uma revisão completa das múltiplas funções de meu cérebro, começando com minha criatividade.

NO INTERIOR DE MINHA MENTE: LIBERANDO MINHA IMAGINAÇÃO

Depois que comecei a tentar achar a solução para igualar o feito de Creighton Carvello e passei a explorar realmente as coisas estranhas e maravilhosas que meu cérebro tinha a oferecer, percebi que estava ficando mais criativo. Quanto mais duro eu trabalhava minha memória, mais ideias e associações pareciam surgir de todas as direções. No cerne de meu sistema (que eu vou ensinar a você nos próximos capítulos) situa-se o processo de transformação de cartas de baralho em imagens mentais. Inicialmente, esse processo foi lento e moroso, mas, depois de certo tempo, uma torrente constante e espontânea de pensamentos e imagens expressivos surgiu em minha mente de modo automático. Em pouco tempo, estava aplicando os mesmos métodos para memorizar sequências imensas de números; listas longas de palavras; centenas de números binários e combinações de nomes e rostos; assim como números de telefone, fatos, cifras, poemas e muito mais. Em minha opinião, quando me tornei um mnemonista, ou seja, um especialista no uso da memória, liberei minha criatividade; uma criatividade que fora inibida por anos de pedidos para me acalmar e me concentrar na escola. De repente, minha mente estava livre!

CAPÍTULO 3

MEMÓRIA E CRIATIVIDADE

Aparentemente, é drástico dizer que minhas experiências com a memória "consertaram" meu cérebro, mas a memória está tão associada com a criatividade – e com os diversos aspectos da função mental que envolvem a criatividade –, que logo você verá que esta não é uma afirmação tão exagerada. Mais importante, o treinamento da memória mobiliza decisivamente os recursos de sua imaginação. Mesmo durante minhas primeiras aventuras relacionadas à capacidade de memória, enquanto ainda estava tentando imitar o grande Creighton Carvello, dei-me conta de que memorizar uma série de dados não conectados, como sequências de cartas, envolve primeiro codificá-los em imagens. Dessa maneira, as unidades de informação não conectadas podem tornar-se conectadas. Agora sei que esse processo de utilizar a imaginação põe em funcionamento uma gama completa de funções mentais, incluindo lógica e percepção espacial.

Algumas pessoas se preocupam com o fato de que não possuem uma imaginação bastante poderosa para possibilitar o treinamento de suas memória. Se você for uma dessas pessoas, pare de pensar dessa maneira! Às vezes, no trabalho, você não está em sua mesa, imaginando-se com detalhes em algum lugar mais exótico ou – se está tendo um dia estressante – mais tranquilo? Se você deixar o tempo passar, pode até descobrir que criou todo um mundo imaginário. Acredito que todos nós possuímos uma incrível capacidade de imaginação; acontece apenas que, muitas vezes, fomos ensinados ou condicionados a reprimi-la. Quero tranquilizá-lo de que nunca é muito tarde para liberar sua imaginação.

Com certeza, conheço isso muito bem: lembram-se de como, em minha infância, eu era frequentemente criticado por ser um devaneador? Os meus professores fizeram o máximo para suprimir o meu eu imaginativo. Agora, contudo, reconheço que minha tendência precoce de devanear simplesmente revelava minha capacidade de pensamento criativo. Sim, meus devaneios eram esquisitos e nervosos, mas acho que eram a maneira de minha mente expressar seu potencial infinito e aleatório de criatividade; um potencial que, tenho certeza, é o motivo pelo qual fui capaz de me destacar em competições de memória. Esse potencial está presente em todos nós, basta conseguirmos aprender (ou reaprender, como foi o meu caso) a liberá-lo.

O pensamento imaginativo é algo que chega naturalmente a mim; atualmente, com mais rapidez e facilidade do que nunca. No entanto, se achar que não é natural para você, tenho certeza de que os exercícios práticos e todos os conselhos e sugestões expostos neste livro lhe ensinarão a utilizar sua imaginação de diversas maneiras. Quanto mais você exercitá-la das maneiras que sugiro, mais fácil se tornará pensar de modo criativo – para gerar imagens, ideias e pensamentos – em todos os caminhos de sua vida. Além disso, à medida que sua imaginação torna-se mais vívida, sua capacidade mental, incluindo sua memória, fica mais forte. Você descobrirá que é capaz de pensar de modo mais rápido e claro seja decidindo o que vestir, seja memorizando um baralho de cartas ou tentando vender alguma coisa. Basta você permitir que o fabricante de sonhos venha à tona para agir.

NO INTERIOR DE MINHA MENTE: A CRIAÇÃO DE UM DEVANEADOR?

O relato a seguir é verdadeiro e fala de um incidente que ocorreu em uma estação de trem, em 24 de abril de 1958. Uma jovem mãe e seus filhos tinham visitado uma tia em St. Leonards-on-Sea, na costa sul da Inglaterra, e estavam voltando para casa de trem. Enquanto esperavam na plataforma, a mãe decidiu comprar uma revista para ler na viagem e deixou seu jovem filho agarrado ao carrinho de bebê que continha seu irmão de oito meses. Quando a mãe se encaminhou para a banca de jornal, um trem partiu da plataforma e pegou a direção de um túnel. Nesse momento, o jovem menino decidiu que ele também queria algo para ler no trem e se soltou do carrinho de bebê para seguir sua mãe. Quando o trem partiu da estação em meio a uma nuvem de fumaça, o carrinho de bebê começou a se mover, achou o declive da plataforma e ganhou velocidade. Em sua descida, colidiu com o último vagão do trem, que, então, arrastou o carrinho com ele. Nesse momento, a mãe, ouvindo o tumulto, correu para fora e, gritando de horror, viu seu bebê sendo levado para o que ela achou que era uma morte certa.

> *Eu era aquele bebê. Milagrosamente, estou vivo para contar a história. Um galo em minha testa foi o único sinal visível do que tinha acontecido. No entanto, acredito que aquele galo delineou o resto de minha vida, pois acho que esse acontecimento único pode ter sido o responsável pelos problemas de atenção que tive quando criança. Em caso afirmativo, de maneira peculiar sou um tanto grato a ele, pois sem minhas tendências a sonhar acordado, talvez nunca tivesse descoberto minha memória perfeita.*

EXERCÍCIO 2: imaginando os sentidos

Esse exercício é idealizado para exercitar sua imaginação, de modo que você se acostume com a ideia de fazer associações não convencionais não só usando imagens visuais, mas também envolvendo todos os seus sentidos (isso será fundamental para criar memorizações que podem ser fixadas). Pratique-o diariamente, se possível, até você ter realmente confiança de que consegue fazer ligações vívidas e imaginativas entre coisas que, a princípio, não parecem conectadas. Depois de ler as instruções, feche os olhos se isso facilitar a clarificação de imagens e sensações.

CENÁRIO 1

Imagine-se segurando uma bola de futebol nas mãos. Imagine que ela tem cheiro de laranjas recém-espremidas. Dedique alguns instantes para materializar esses dois pensamentos em sua mente. Agora, imagine que a bola de futebol possui a textura de geleia. Está fazendo tique-taque como um relógio e tem sabor de chocolate. Não tenha pressa: concentre-se na imagem por cinco minutos, no mínimo, tornando-a a mais vívida possível. Se sua mente vagar, traga-a de volta à primeira sensação de segurar a bola de futebol.

CENÁRIO 2

Depois que você se envolveu inteiramente com o primeiro cenário, experimente este outro: imagine um elefante amarelo com manchas rosa. Ele mia como um gato, tem gosto de gengibre e possui a textura de urtigas e o aroma de grãos de café. De novo, concentre-se durante cinco minutos, no mínimo, deixando tudo isso ganhar vida em sua mente.

Quando você estiver pronto, teste-se recordando as estranhas qualidades daquela bola de futebol e do elefante. Quanto mais detalhadas forem suas visualizações, mais fácil será trazer as imagens de volta à mente.

CAPÍTULO 4

O PODER DA ASSOCIAÇÃO

Espero que o exercício no final do último capítulo tenha lhe mostrado o quão capaz você é de evocar associações entre temas ou ideias que, a princípio, podem parecer completamente desconectados, mediante o envolvimento de seus sentidos. Esse é o seu primeiro passo rumo a uma memória perfeita. No entanto, para fazer esse passo realmente valer a pena, você precisa ser capaz de tornar as conexões as mais fortes possíveis e fazer isso a toda velocidade. Felizmente, seu cérebro é uma máquina poderosa quando se trata de associações: ele quer fazer conexões e quer fazê-las rapidamente. O problema não reside em seu cérebro, mas na "interferência" que impede você de pensar livremente; isso perturba seus passos mentais, fazendo-o tropeçar de vez em quando.

Se você achar que a interferência está tolhendo sua capacidade de pensar de modo livre e criativo, terá de fazer o que eu fiz e aprender a se soltar. Não tente desacelerar seu cérebro ou eliminar o ruído interior, e não tente compreender como as associações estão ligadas entre si; simplesmente confie que elas estão conectadas e deixe o poder puro da associação "acontecer".

Acredito que estamos, até certo ponto, pré-condicionados a classificar nossas experiências em determinadas categorias. Se eu lhe disser a palavra "morango", desconfio que a imagem de um morango surgirá em sua mente. Aí está: carnudo, vermelho e com um talo verde. No entanto, se você soltar sua mente, liberá-la, o que acontece? A imagem simples do morango ainda surgirá, mas talvez você possa sentir o gosto dele dessa vez? Ou, quem sabe, possa cheirá-lo? A pele está esburacada ou está brilhante? O morango está crescendo na planta ou está em uma tigela com outros morangos? Se você deixar sua mente vagar de modo livre, é provável que as associações cresçam e fiquem mais elaboradas. Ficarão mais vívidas. Talvez você se lembre de um dia em que foi a um piquenique e comeu morangos. Você estava com um amigo? Os morangos estavam imersos em chocolate ou em creme? O que seu amigo estava vestindo e o que vocês conversaram? E aí você segue adiante; sua mente vai embora – a lembrança que você teve deflagra uma série de associações, até você acabar longe de onde começou; suas últimas visualizações antes de voltar ao mundo real talvez não tenham obviamente nada a ver com morangos.

Da mesma maneira, Marcel Proust, escritor francês, escreveu um romance autobiográfico intitulado *Em busca do tempo perdido*, que ele criou a partir da torrente de memórias que foram desencadeadas pelo gosto de uma *madeleine* mergulhada no chá de tília.

A questão aqui é que, se você soltar as rédeas de sua memória, ela o levará a inúmeros lugares. Todas as vezes que você libera sua imaginação, libera também sua memória para fazer associações com rapidez, grande exatidão e força. Nas associações, a velocidade, a exatidão e a força são componentes fundamentais para a obtenção de uma memória perfeita.

CAPÍTULO 5

DIMENSÕES DA ASSOCIAÇÃO

Além de quão rápidas – até mesmo instantâneas – as associações podem ser, o que sua associação livre a respeito do morango e o romance de Proust nos ensinam, em particular, é que fazer associações não é uma coisa simples, unidimensional. Em primeiro lugar, suas emoções entram em jogo. Provavelmente, antes de lembrar-se dos detalhes de qualquer episódio de seu passado, você se lembrará de como se sentiu acerca dele. Por exemplo, você se lembra do dia em que aprendeu a andar de bicicleta? Quando eu penso nisso, a primeira coisa que me volta à memória é a sensação de êxtase – e de ligeiro pânico – quando percebi que era responsável por ficar em posição vertical sozinho. Depois que suas emoções avivaram o acontecimento de novo, então chegam os sentidos. O cheiro apresenta fortes ligações com a memória: o bulbo olfatório (o centro do sentido do olfato) e as partes do cérebro associadas à memória e ao aprendizado possuem uma íntima conexão fisiológica. Então, você talvez se lembre primeiro dos cheiros que estavam a seu redor quando começou a andar de bicicleta. Ou talvez seja o som que volte primeiro; você talvez se lembre do vento zunindo em seus ouvidos. Alternativamente, pense a respeito de como uma obra musical pode deixar a memória mais vívida (frequentemente, ela ativa mais *feedback* emocional). Ou quem sabe sejam as paisagens a seu redor que voltem em torrentes; você pode ter uma imagem nítida do aspecto da cena a seu redor, sobretudo se havia algo particularmente radiante, vívido ou incomum nela.

Quando treino estudantes a permitirem que suas mentes façam associações livres, peço-lhes para pensarem não na primeira vez em que andaram de bicicleta, mas em seu primeiro dia na escola. Tente isso agora. Você pode ter uma vaga recordação da caminhada até o prédio e talvez um vislumbre mental da professora que lhe deu as boas-vindas, mas aposto que a primeira coisa vívida de que você se lembra é de como se sentiu. Lembro que me senti excitado, mas apreensivo. Até certo ponto, quis ir para a escola, mas, predominantemente, não queria deixar a segurança do lar. Também lembro que depois que entrei no prédio, ao menos naquele primeiro dia, senti-me feliz. Recordo-me de ter rido muito com meus novos amigos. Então, surgem minhas memórias sensoriais. Lembro-me do cheiro do piso recoberto com piche e pedrinhas do pátio de recreio (um cheiro que ainda me traz à memória aquele primeiro dia), do som do sinal que nos chamou para as nossas primeiras aulas, ou até do gosto do leite da escola, que pareceu mais espesso e mais cremoso que o leite de casa. Recordo-me da sensação gelada da garrafa de leite e do azul exato do canudo que usávamos para furar a tampa brilhante da garrafa e beber o leite.

Se você conseguir aprimorar a habilidade natural de fazer conexões e reavivar episódios do passado utilizando as emoções e os sentidos, e também a lógica e a criatividade, você ajudará o cérebro a memorizar a nova informação de uma maneira instantaneamente vívida, memorável. Além disso, você se acostuma à noção de deixar o cérebro fazer as mais rápidas conexões e confiar nelas. A associação imediata é um aspecto importante do treinamento da memória, pois as primeiras associações provarão ser as mais confiáveis. Voltarei a esse ponto muitas vezes ao longo deste livro.

O exercício a seguir o ajudará a adquirir o hábito de recapturar não só acontecimentos, mas também os pensamentos, as sensações e as emoções que os acompanham. Você também precisa sentir-se à vontade com a velocidade com a qual a memória ou as memórias podem ser reavivadas. Quando faço esse exercício – e outros parecidos – viajo para a frente e para trás através de minha vida. Descubro-me em lugares distintos, com pessoas diferentes, sentindo emoções diferentes, e ouvindo, vendo, cheirando, tocando e saboreando coisas diferentes. As reminiscências chegam tão densas e rápidas que é como estar em uma montanha-russa, movendo-me rapidamente pelas curvas de minha história pessoal. Espero que também seja ao menos um pouco assim para você.

EXERCÍCIO 3: "jogo livre" da memória

As palavras evocam memórias. Olhe para cada uma das palavras a seguir para ver que lampejos do passado elas trazem para você. Só é preciso dar uma espiada em cada palavra por um segundo ou dois. Procure não revisar aquilo lembrado por você; simplesmente permita que as primeiras associações aconteçam. Em seguida, deixe as imagens, os pensamentos, as emoções e os sentidos ressurgirem com o máximo de detalhes – pode levar alguns instantes ou vários minutos – e, então, siga para a próxima palavra. O objetivo deste exercício é acostumá-lo a fazer associações livres e deixar que não só imagens, mas também emoções e sensações fluam de volta. Embora não pareça que isso vai convertê-lo em um campeão de memória, confie em mim: quanto melhor e mais experiente você ficar nesse tipo de associação livre, mais exímio ficará na memorização.

GATINHO
ARCO-ÍRIS
BRINQUEDO
ANIVERSÁRIO
SORVETE
NEVE
IGREJA
ALMOFADA
AREIA
UNHA

NO INTERIOR DE MINHA MENTE: MINHA PRIMEIRA MEMÓRIA

As palavras evocam memórias. Sempre que ouço a palavra "berço", sou transportado para minha memória mais antiga. Devia ter cerca de 2 anos e estava sacudindo as barras de meu berço, apreciando a sensação de me mover para cima e para baixo com uma torrente interminável de energia. Consigo até me lembrar de minha mãe me dizendo que achava que eu estava aquecendo os músculos, como um boxeador em um canto do ringue. Constantemente me surpreende o fato de que muito do nosso passado remoto pode ser despertado no cérebro se ele for deixado desimpedido para vagar livremente em seus recônditos mais profundos.

CAPÍTULO 6

CORRENTES DE ASSOCIAÇÃO

Agora que sabe como o cérebro pode supri-lo com um fluxo de memórias ativadas instantaneamente por uma única palavra, você precisa dar o próximo passo e considerar o forjamento das ligações entre duas palavras que não possuem conexão aparente. Falamos da imaginação e da utilização do passado para a criação de associações; ao juntar esses dois aspectos, temos a chave para a habilidade mais básica da arte da memorização.

Sem os pontos de referência do passado, acredito que seja impossível fazer conexões entre dois conceitos quaisquer (sejam palavras, objetos, atividades, etc.). O passado lhe fornece conhecimento, e você precisa utilizá-lo para criar caminhos de uma coisa para outra. Tudo em sua vida se encaixa, como peças de um quebra-cabeça. Para ir de uma peça para outra, você pode uni-las, peça por peça. O jeito mais eficiente de criar esse caminho é utilizar a menor quantidade possível de peças, para descobrir as conexões mais óbvias a partir de seu banco de conhecimento.

Digamos que quero memorizar duas palavras: muro e galinha. Tenho uma torrente interminável de memórias associadas a essas duas palavras, e simplesmente preciso descobrir o caminho que liga uma a outra, em minha mente. Por exemplo:

A palavra "muro" me traz à memória o álbum *The Wall*, do Pink Floyd, um muro que eu escalava na infância, o muro que costumava saltar na saída da escola, e assim por diante. Conforme as associações chegam densas e rápidas, topo com a ligação mais óbvia: uma tradicional canção de ninar inglesa que fala sobre um ovo em cima de um muro. Eureca! Ovos são postos por galinhas. Uso minha imaginação para visualizar uma galinha pondo o ovo em um muro. Torno as associações vívidas ao lembrar-me de meu eu da infância cantando a canção de ninar e, automaticamente, imagino o "eu pequeno" dando risadinhas da imagem da galinha botando o ovo. Isso pode não ter acontecido em meu passado real, mas a ligação entre o eu pequeno e a canção de ninar é suficiente para criar um cenário lógico para minha reação. Isso tudo parece laborioso e enfadonho, mas, na prática, meu cérebro faz as conexões em poucos instantes.

Eis outro exemplo: caneta e sopa. De que maneira você pode conectá-las, de modo que se lembre de ambas? Por meio da associação livre e da imaginação, chego às seguintes possibilidades: usar a caneta para mexer a sopa (talvez a sopa mude de cor se a tinta dela se misturar); usar a caneta para criar uma padronagem ou talvez escrever uma palavra na sopa espessa; encher a caneta com sopa, como se fosse tinta, para escrever uma carta; usar a caneta como um canudo para tomar a sopa; e assim por diante. Embora as conexões com meu passado não sejam óbvias neste exemplo, todas as associações fazem uso de minha experiência e do meu entendimento tanto a respeito de uma caneta como de uma tigela de sopa. A memória e a associação são inseparáveis.

Exercite os mesmos princípios usando a atividade a seguir. Se for sua primeira tentativa com esse tipo de exercício, você pode se pegar considerando alguns pares de palavras. O objetivo é permitir que seu cérebro alcance qualquer denominador comum, sem preconceitos ou pressuposições atravessando o caminho. Na época de Beethoven, os celulares não tinham sido inventados, mas você pode imaginar o compositor usando um para ligar ao agente; ou, se o seu cérebro preferir dicas em forma de áudio, talvez você imagine seu celular tocando com um som da *Quinta Sinfonia* de Beethoven. Tudo o que você precisa fazer é permitir que o denominador comum mais rápido entre em sua mente. Não procure tornar a conexão mais estranha ou fantástica do que precisa ser; não há necessidade de fazer sua criatividade trabalhar horas extras. Quanto mais natural e lógico o cenário imaginado for para você, maior a probabilidade de que as duas metades do cérebro trabalhem em harmonia, e o cérebro aceitará e se lembrará das associações que você sugeriu.

Depois que você terminar o exercício, congratule-se. Você acabou de dominar a técnica básica de memorização de informações não conectadas. Denomina-se método da ligação. Agora que você o utilizou para pares de palavras, pode utilizá-lo para memorizar listas.

EXERCÍCIO 4: forjando ligações

Considere esses pares de palavras e, como alguém que captura uma borboleta em uma rede, apodere-se da primeira associação que vier à sua mente para ligá-las. Não fique tentado a revisar as ligações; simplesmente libere seu cérebro para encontrar o caminho mais óbvio de uma palavra para a outra, no par. Depois que você terminar, cubra a coluna direita e veja quantas correspondências você consegue lembrar. Se você conseguir se lembrar de dez ou mais correspondências, poderá sentir-se seguro de que suas associações estão começando a se fixar. Continue praticando até conseguir lembrar-se das quatorze palavras.

ÔNIBUS	SAL
MESA	LUA
VIOLÃO	GESSO
TORNOZELO	VIDRO
ROLHA	TOCHA
BEETHOVEN	CELULAR
BOLA	VELA
GANSO	BOLHA
ELÁSTICO	TUBARÃO
LARANJA	RIFLE
CANETA	TELHADO
MARGARIDA	CAMUNDONGO
CÂMERA	SAPATO
BRACELETE	ESCOVA

CAPÍTULO 7
O MÉTODO DA LIGAÇÃO

Considere as cinco primeiras palavras do primeiro teste que pedi para você fazer no início do livro. As cinco primeiras palavras são: violino, cavaleiro, mala, colar e bola. Se adotarmos o princípio de que tudo pode ser conectado com todo o resto, tudo o que você precisa fazer para memorizar essa lista é criar uma ligação entre cada um dos itens dela. Imagine-se ouvindo o som melodioso de um violino, que é tocado por um cavaleiro. Em sua imaginação, veja o quão difícil é para ele posicionar o violino sob o queixo, com toda aquela armadura interferindo. Aos seus pés, há uma mala, talvez tenha uma cor chamativa ou talvez seja velha e esteja bem gasta. Você abre a mala e encontra um colar de diamantes de valor inestimável – a luz do sol ricocheteia nos diamantes, fazendo-os brilhar intensamente; o brilho refletido faz você semicerrar os olhos. Ao virar a cabeça, uma bola o atinge no rosto; com o impacto, você sente uma ardência. Lembre-se de que quanto mais você praticar usando todos os sentidos e reações emocionais para fazer associações, mais apto o cérebro ficará em forjá-las rapidamente, e mais memoráveis serão as conexões.

Reprise essa curta cena em sua mente; adicione mais detalhes, se quiser. Depois de fazer isso de maneira eficaz (minhas ligações podem não ser as mais evocativas para você, é claro), você não deve ter problemas para repetir a lista de itens de trás para a frente – nem de frente para trás –, ao simplesmente reprisar a história. Se você conseguir repetir a ordem dos itens nos dois sentidos, provará que a lista está completamente cimentada em sua memória. Agora, você consegue, em um instante, lembrar-se das duas palavras antes e depois da palavra "mala" sem percorrer a lista completa? Em caso positivo, seu cérebro assimilou e integrou completamente os novos dados, de modo que você é capaz de reproduzi-los (lembrar-se) de diversas maneiras. Ser capaz de lembrar, interpretar, reinterpretar e, se necessário, reconstruir está no cerne de como avaliamos tudo o que aprendemos.

Ao ensinar o método da ligação, faço a seguinte pergunta aos meus alunos: por quanto tempo eles acham que se lembrarão da lista de cinco palavras? A maioria responde que vai se esquecer dela em questão de minutos, mas eles logo se surpreendem ao descobrir que isso está longe de ser verdade. O método é tão poderoso que, muitas vezes, a lista é lembrada por mais de 24 horas. Duvido que alguém tenha esse nível de sucesso simplesmente repetindo as palavras várias vezes, para aprender mecanicamente.

Porém, é bem verdade que são apenas cinco palavras; assim, adicionemos dois itens e apliquemos o método da ligação para os sete objetos a seguir: barco, pneu, pacote, botão, repolho, camundongo, bota.

Criei a seguinte história: indolentemente, a bordo de um **barco**, estou sendo levado pela correnteza, nas águas de um mar tranquilo. Ao me aproximar da praia, vejo um **pneu** sobre a areia. Rolo o pneu ao longo da areia e ele para perto de um **pacote**. Desembrulho o pacote para ver o que há dentro. Encontro um dispositivo com um **botão** de pressão vermelho vivo. Sou vencido pela curiosidade e pressiono o botão. Por encanto, um **repolho** materializa-se na areia. De dentro do repolho surge um **camundongo** assustado, que sai correndo e se esconde em uma **bota**, a qual foi descartada em um lugar mais afastado da praia.

O que acho mais fascinante é que, enquanto o aprendizado mecânico e por repetição pode levar horas e frequentemente produz resultados insatisfatórios, o aprendizado por meio do método da ligação é rápido (quanto tempo a história leva para surgir? Trinta ou quarenta segundos?), e, em geral, a lembrança é perfeita. É tudo uma questão de contexto. O método da ligação atribui significado a unidades não conectadas de informação. Colocamos essas unidades em um contexto, vinculando-as ao mundo real, com alguma forma de lógica, e elas se tornam memoráveis.

Um truque mental

Também acho que, nesse caso, o uso da primeira pessoa é importante. Ao se colocar na história (você não me imagina navegando no barco; você se vê dentro dele), você, de algum modo, induz seu cérebro a acreditar que a experiência aconteceu realmente com você.

No entanto, só será possível induzir o cérebro dessa maneira se suas imagens forem fiéis à realidade, e isso significa usar todos os sentidos. O que você pode ver enquanto é levado vagarosamente pela correnteza, no barco? O que consegue ouvir ao se aproximar da praia? Você consegue sentir o cheiro da borracha do pneu aquecida pelo sol? Qual é a cor do papel de embrulho do pacote? Qual é a sensação da areia em seus pés ao correr ao longo da praia, perseguindo o pneu? Quanto mais vívidas forem suas associações, mais prontamente elas voltarão para você.

Outro motivo pelo qual a primeira pessoa funciona tão bem é que se você fizer parte da história, terá sentimentos e emoções relacionados aos acontecimentos. Provavelmente, você se sentiu relaxado e satisfeito navegando pela água. Talvez você tenha ficado um pouco assustado ou ansioso enquanto o pneu se afastava de você ou um pouco apreensivo quando pressionou o botão vermelho. Se você trouxer humanidade, vulnerabilidade e "realismo" à sua história, o cérebro pode acreditar que ela é verdadeira; e isso a torna ainda mais memorável. Curiosamente, o conjunto de circuitos do cérebro – isto é, os neurônios individuais e as redes de neurônios contidos nesse conjunto – não consegue distinguir a diferença entre o que é real e o que você imaginou. Só "você", enquanto um ser consciente completo, conhece a verdade; eis por que induzir o cérebro é relativamente fácil.

Capacidade de visualização

Ao longo dos anos, muitas pessoas me procuraram para dizer que receavam que essas técnicas não dessem certo com elas, porque simplesmente não acreditavam que possuíam a criatividade necessária para fixar as imagens. Todavia, é importante lembrar que as coisas que você imagina devem estar dentro do âmbito da possibilidade; ou, ao menos, conter alguma forma de lógica –

assim, embora sejam criativas, não são muito fantásticas. Podem ser um pouco esquisitas ou não convencionais, mas, em teoria, são perfeitamente plausíveis ou possíveis. Remonte ao cenário da caneta e da sopa do capítulo 6. Admito ser improvável que alguém utilize uma caneta para mexer a sopa na tigela; ou que você use a sopa como tinta para a caneta. Mas não é totalmente impossível. Da mesma forma, você se lembra de Beethoven e do celular? Tudo bem, Beethoven não poderia ter um celular, mas, se ele tivesse, provavelmente o usaria para telefonar a seu agente. Sempre há alguma lógica no cenário, e, sim, você precisa ser criativo, mas não de modo sobre-humano.

Também quero tranquilizá-lo, fazendo uma confissão: agora que a memorização por associação se tornou quase instintiva para mim, minhas imagens mentais não são refinadas em todos os detalhes. Às vezes, são esboços, apenas com a cor e as formas corretas; outras vezes, são como desenhos animados. Sem dúvida, não produzo representações visuais perfeitas. Evoco ideias e cenários; imagens que são suficientes para fazer a conexão em minha mente. No entanto, por ora, se você estiver só começando, recomendo que complete suas imagens tanto quanto possível: só depois que você se sentir realmente à vontade e confiante na prática é que deverá começar a cortar caminho.

Tornando-se um contador de histórias

Há outro aspecto do método da ligação que não mencionei: a questão da ordem. No teste básico que apresentei no início do livro, pedi para memorizar não só as palavras, mas também a ordem em que elas apareciam. De fato, se você lembra, você foi penalizado por não obter a ordem exatamente certa. Para evitar a perda de pontos, é preciso fazer as ligações de um objeto para o seguinte na ordem "correta". A maneira mais fácil de fazer isso é criar uma história que incorpora todos os itens da lista, um depois do outro. A história, como todas as boas histórias, assume uma lógica à parte, que reforça a ordem dos itens, porque a sequência do aparecimento deles é significativa para todo o contexto. Ao reprisar a história, seguindo logicamente de um cenário para o próximo, você também deve se lembrar dos itens na ordem certa. Faça o exercício a seguir para obter uma melhor noção do funcionamento disso. Se você se esquecer de alguma palavra da lista durante a recordação, as ligações que você fez na história não foram bastante fortes; tente de novo.

EXERCÍCIO 5: narrativa da memória

Neste exercício, utilize o método da ligação para criar uma história que lhe permita memorizar as dez palavras a seguir, em ordem. Sua própria história sempre será mais eficaz do que uma que eu crie para você. Assim, não quero dar nenhuma sugestão, exceto dizer que não há limite de tempo para o exercício. Não tenha pressa para obter a história certa; mas lembre-se de que as primeiras conexões idealmente instantâneas que você faz provavelmente serão as mais fortes. Deixe que a mente pense de maneira intuitiva e utilize todos os sentidos. Depois da criação da história, cubra a página e anote as palavras na ordem correta. Se você não alcançar os dez pontos máximos, as ligações de sua história não foram fortes o bastante; volte e reforce os elos fracos da corrente.

BICICLETA
COMPUTADOR
ESCADA
TRAVESSEIRO
CÂMERA
BUMERANGUE
BOLO
AGENDA
SABÃO
GIRAFA

CAPÍTULO 8

EURECA! MINHA PRIMEIRA TENTATIVA BEM-SUCEDIDA

Agora que expliquei como é importante utilizar a associação, posso contar como foi que finalmente decifrei o que Creighton Carvello estava fazendo. Percebi que precisava parar de fazer listas e de procurar as respostas fora de mim. Em vez disso, deveria utilizar algo daquela criatividade maravilhosa que já estava efervescendo dentro de mim. Você também possui essa mesma criatividade dentro de si. Por isso sei que minhas técnicas podem transformar sua memória da mesma maneira que transformaram a minha.

Então, como memorizei meu primeiro baralho? Comecei observando cada carta, para ver se ela recordava algo familiar para mim: um objeto ou uma pessoa de minha vida. Por exemplo, contemplei o valete de copas e o rosto lembrou o meu tio. O 5 de espadas me pareceu uma mão estendida com quatro dedos e o polegar. O 10 de ouros me lembrou da porta na 10 Downing Street (para mim, ouros lembrava dinheiro ou riqueza, e o endereço 10 Downing Street é onde o primeiro-ministro britânico cuida da prosperidade do Reino Unido). Para memorizar essas três cartas na sequência, liguei as pessoas e os objetos – exatamente da mesma forma que você aprendeu a ligar as palavras não conectadas do último exercício. Imaginei o meu tio (o valete de copas) usando seu punho (5 de espadas) para bater na porta do número 10 (10 de ouros).

Ao longo de muitas horas, de modo lento, mas seguro, dei a cada carta do baralho uma nova identidade. Finalmente, tinha codificado cada uma com sua própria e singular associação. Embaralhei as cartas e comecei a trabalhar.

Para o primeiro baralho completo, levei pouco menos de meia hora para criar uma história a partir das ligações. Nessa história, meu tio voava através das nuvens e atirava laranjas de uma rede, que gotejava mel. Jack Nicklaus (jogador de golfe; portanto, meu rei de paus)[1] estava devorando dois patos (2 de copas, representado por patos no sistema de número-formato – veja pp. 100-102 – e o naipe de copas lembrava um pequeno bico de ave virado para cima), que estavam cuspindo em um boneco de neve (8 de ouros – o boneco de neve é o número-formato para 8, e imaginei losangos de gelo pendendo ao redor de seu pescoço, como o formato do naipe). No fim dessa epopeia um tanto exaustiva ao estilo *Alice no país das maravilhas*, mantive o baralho com as cartas viradas para baixo e me preparei para me lembrar de cada carta, uma por uma, revelando a verdadeira identidade delas. Consegui me lembrar de 41 das 52 cartas, em sequência. Nada mau para uma primeira tentativa!

---

[1] Em inglês, o naipe de paus chama-se *clubs*. Um dos outros significados da palavra *club* é porrete ou taco, como um taco de golfe. (N. T.)

Tinha dado uma boa largada, mas o processo ainda não era perfeito, e, não importa o quão eficientemente eu usava meu sistema de criação de histórias, a ideia de emular a memória de Carvello ainda parecia fora de alcance. Ele tinha memorizado um baralho em apenas 2 minutos e 59 segundos, e, para mim, ganhar velocidade – sobretudo para concluir o feito em três minutos ou menos – parecia impossível. Porém, não fiquei chateado; tinha certeza de que o sucesso completo deveria estar bem próximo. Minhas evidentes melhorias mensuráveis me deixaram ainda mais determinado a refinar o sistema, até finalmente alcançar a estratégia perfeita de memorização.

Meus primeiros códigos para as cartas

Ao continuar experimentando e praticando a memorização de cartas usando meu método de criação de histórias, percebi que era capaz de enfileirar sequências curtas de cartas, mas, então, eu atingia um elo fraco na corrente e uma carta escapava. Explicarei dando tanto exemplos específicos de meus códigos para as cartas daqueles primeiros tempos, quanto alguma noção de como criei os códigos:

6 **de ouros/Um avião** (Porque algumas turbinas de avião possuem uma marca parecida com o número 6, e voar é um jeito oneroso de viajar, que combina com a ideia de ouros ser associado a riqueza ou dinheiro.)

4 **de ouros/Dinheiro vivo** (Imaginei essa carta como quatro moedas acomodadas dentro de um losango.)

5 **de paus/Meu cachorro** (Minha tia tinha uma cadela chamada Sally, e um "S" se parece com um "5". Posteriormente, inspirei-me

a ter meu próprio cachorro; escolhi o naipe de paus porque eu gostava de jogar um pedaço de pau para meu cachorro buscar.)

8 de paus/Uma nuvem (Porque um "8" me traz à lembrança espumosas nuvens brancas, e o naipe de paus é, da mesma forma, semelhante a uma nuvem para mim.)

4 de espadas/Meu carro (Porque o quatro me sugere quatro rodas e o naipe de espada me faz lembrar da marca dos meus pneus.)

3 de espadas/Uma floresta (Porque o naipe de espadas tem o formato de árvore e porque "três" rima com "ipês".)

A lógica que segui foi a de que os códigos para as cartas podiam recair em uma das três categorias a seguir: pessoas e animais; meios de transporte; e lugares. Então anotei o nome de todas as cartas de um baralho, criei um código para cada uma, escrevi o código ao lado do nome da carta e, em seguida, aprendi cada correspondência. Isso parece trabalhoso – e acho que foi, de certo modo –, mas existiram certas associações automáticas que fiz (como a associação do 7 de ouros com James Bond, no filme *007 contra o homem com a pistola de ouro*) para acelerar o processo geral. Além disso, permaneci motivado porque sabia que, uma vez que aprendesse os códigos, eles me levariam cada vez mais perto do objetivo de me equiparar a Carvello (talvez até superá-lo!).

Depois, utilizei o método da ligação, criando histórias que conectassem meus códigos para cada carta na sequência correta. Compreensivelmente, descobri que algumas sequências eram mais fáceis de memorizar que outras. Por exemplo, digamos que as cinco primeiras cartas fossem 3 de espadas, 5 de paus, 4 de ouros, 6 de ouros e 8 de paus. Imaginaria a floresta e, nela, meu cachorro estaria latindo para uma quantia de dinheiro vivo. Um avião pousaria para coletar o dinheiro e decolaria na direção das nuvens. A história tinha algum sentido de sequência e lógica, assim poderia memorizá-la com facilidade. No entanto, qualquer pequena alteração em uma sequência poderia me causar problemas.

Digamos que a ordem fosse 6 de ouros, 3 de espadas, 5 de paus, 8 de paus e 4 de ouros. Dessa vez, imaginaria um avião voando para a floresta, onde meu cachorro está latindo. No entanto, agora, meu cachorro tem de voar até a nuvem onde há dinheiro vivo. A ligação entre meu cachorro e a nuvem se torna tênue: carece de qualquer lógica verossímil, e isso causa um ponto fraco na corrente.

No entanto, a tentativa de se ater à lógica não era meu único problema. Além de as ligações em minhas correntes de associação serem frágeis às vezes, eu despendia muita energia mental elaborando transições malucas de uma cena para a outra. Era exaustivo, demorado e não estava à prova de erros. E então, enfim, tive o momento eureca: finalmente entendi que estava empregando todos os ingredientes certos, mas em permutações erradas. De repente, dei-me conta de que em vez de designar certas cartas para representar certos lugares, eu deveria usar uma localização predeterminada e, depois, converter cada carta em um objeto, um animal ou uma pessoa, posicionando essas imagens em paradas consecutivas dentro daquela localização. Dessa maneira, desde que as paradas seguissem uma ordem natural, e a ligação entre cada carta e sua localização fosse bastante forte, eu, sem dúvida, memorizaria a sequência perfeitamente e me lembraria dela. E ali estava, meu Santo Graal dos sistemas de memória: "o método da jornada".

NO INTERIOR DE MINHA MENTE: O ÊXTASE DO SUCESSO

Um momento de clareza é uma coisa incrível. Em algum instante de sua vida, você também deve ter experimentado isso. Ao descobrir onde eu estava errando e, mais importante, como consertar aquilo, tive um surto estratosférico de autoconfiança, como um alquimista que transforma elementos químicos comuns em ouro. Foi todo o incentivo de que precisei para praticar com afinco, dedicando-me baralho após baralho, até minha memória conseguir fazer o mesmo que Creighton Carvello ou mais. Foi essa autoconfiança que acho que me transformou – muito mais do que códigos ou baralhos – e que me ensinou que qualquer coisa é realizável com força de vontade e empenho, algo que meus dias de estudo na escola não conseguiram fazer.

CAPÍTULO 9

PLANEJANDO O MÉTODO DA JORNADA

Acho justo dizer que o método da jornada mudou minha vida. No entanto, em suas primeiras formas, estava longe de ser perfeito. Depois que tive meu momento de clareza, testei minha teoria sobre localização, planejando uma jornada que consistia em vinte paradas distintas. Sabia que tinha de ser uma jornada que fosse completamente familiar para mim (não queria gastar tempo pensando a respeito de qual seria a próxima parada) e também sabia que tinha de fazer ligações realmente fortes entre os códigos das cartas e as paradas da jornada. Assim, pareceu natural fazer, em minha primeira jornada, uma caminhada pelo vilarejo onde eu vivia. Eis os cinco primeiros estágios:

ESTÁGIO 1 – **Portão da frente**
ESTÁGIO 2 – **Casa do vizinho ao lado**
ESTÁGIO 3 – **Ponto de ônibus**
ESTÁGIO 4 – **Loja**
ESTÁGIO 5 – **Estacionamento**

Então, comecei a codificar de novo as cartas que imaginara originalmente como lugares, de modo que elas eram agora novos objetos, porque, caso contrário, teria de emparelhar duas localizações e sabia que isso ficaria confuso. O 3 de espadas, por exemplo, deixou de ser uma floresta e virou uma lenha; o 8 de paus, que era uma nuvem um tanto vaga e esquecível, virou eu (por nenhum outro motivo que o fato de que eu sempre tinha achado essa uma carta difícil de memorizar – fazê-la me representar proporcionou uma associação que era especialmente forte, pois eu poderia imaginar completamente como eu reagiria a qualquer situação). Com uma rota fixa e um código de objeto específico para cada carta, tudo o que tinha de fazer era imaginar cada código (carta) em sua posição apropriada ao longo da jornada.

Digamos que as cinco primeiras cartas que eu vire para cima são: 6 de ouros, 3 de espadas, 5 de paus, 8 de paus e 4 de ouros. Eis como eu as memorizo, usando as cinco primeiras paradas em minha jornada de memorização:

- Imagino um avião (6 de ouros) estacionado no meu portão da frente.
- Do lado de fora da casa do vizinho ao lado, há uma lenha (3 de espadas) encostada na cerca.
- No ponto de ônibus, meu cachorro (5 de paus) fica dando pulos, latindo para o trânsito que passa.
- Dentro da loja, me vejo (8 de paus) comprando um jornal.
- No estacionamento, há um pacote de dinheiro (4 de ouros).

Dessa vez, minha mente não ficou confusa em relação à ordem, pois esta foi estipulada facilmente pela jornada. Meu teste com vinte cartas foi um sucesso completo; não cometi nenhum erro.

Assim, aumentei a escala: estendi minha rota, de modo que saí pelo meu portão, atravessei o vilarejo, passei perto de um *pub*, cruzei um campo de críquete, peguei um caminho com uma bela paisagem de um gramado para jogos de bocha, até ter uma jornada de 52 estágios – o número exato para um baralho completo.

Após mais alguns testes de caminhar mentalmente por minha rota com 52 estágios, sem tentar memorizar nada ao longo dela, era hora de experimentar o baralho completo. Minha estratégia promissora sustentaria meu maior desafio? Sim! Consegui lembrar-me das 52 cartas sem nenhum erro, em menos de dez minutos. Naquele momento, soube que conseguiria desafiar os 2 minutos e 59 segundos de Creighton Carvello; era apenas uma questão de tempo.

Superando os obstáculos: ecos nas histórias

Embora meu método fosse perfeito para um único baralho, constatei que algumas das associações feitas por mim eram tão fortes que, quando tentava repetir o feito, obtinha imagens "duplas" que ecoavam de sequências prévias, e meu cérebro ficava confuso quanto a que imagens eram corretas para aquela sequência. A resposta era simples: precisava de mais do que uma jornada. Planejei seis jornadas ao todo, utilizando-as em rodízio, de modo que, na ocasião em que eu voltava para uma que usara antes, a memória das cartas que memorizara da última vez havia desvanecido.

Os cenários para minhas diversas jornadas tinham de ser suficientemente familiares, estimulantes e interessantes, de modo que eu me lembrasse dos estágios que escolhi ao longo delas sem qualquer dificuldade. Sou um jogador de golfe fanático; assim, as escolhas naturais para mim eram dois de meus campos de golfe preferidos, e também casas (as jornadas em recintos fechados também funcionam, desde que a rota pela localização seja lógica e chegue facilmente a você), cidades ou vilarejos em que tinha vivido.

Um processo de seleção natural ocorreu quando, por tentativa e erro, descartei rotas que não funcionavam. Por exemplo, se os estágios nas rotas eram muito uniformes em caráter, constatei que não eram memoráveis o suficiente. Planejei uma jornada constituída de 52 lojas em uma cidade. Mas não funcionou, pois tive de me esforçar muito para me lembrar da sequência de lojas, e tive problemas para distinguir uma loja da outra em minha imaginação. Rapidamente cheguei à conclusão de que a variedade e o constraste dos estágios entre si e em minha interação com eles estão entre os segredos de uma jornada bem-sucedida. Em geral, se baseio uma rota em uma cidade, desloco-me de diferentes maneiras dentro ou perto das paradas. Certifico-me de que entro e saio dos prédios, pulo um muro ou atravesso um riacho ou rio. Posso usar uma cabine telefônica ou parar para olhar o cardápio de um restaurante e, em seguida, perambular para contemplar uma estátua, e assim por diante. A jornada é interessante e se fixa em minha mente com facilidade. E depois que cumpri essa jornada algumas vezes, não preciso pensar para me lembrar dela; mentalmente, consigo percorrê-la no piloto automático e a uso para me fornecer ganchos para pendurar informações.

> NO INTERIOR DE MINHA MENTE: LIDANDO COM O PLANEJAMENTO URBANO
>
> *Muitas vezes, as pessoas me perguntam se atualizo com regularidade minhas rotas, levando em consideração as mudanças na paisagem. A resposta é não. Uma vez que as rotas estão gravadas no cérebro, elas fornecem uma trilha que me guia automaticamente de estágio para estágio. A atualização provoca distúrbios. De fato, até evito voltar a rotas antigas, se possível; não quero saber se lojas mudaram de ramo, casas foram demolidas ou cabines telefônicas foram removidas. Prefiro lembrar e usar as rotas exatamente como eram.*

Vencendo os obstáculos: recortes das cartas

Em meu sistema, havia outro elemento que ainda não era à prova de erros: existiam determinados códigos para as cartas que eram um tanto imprevisíveis, alguns eu continuava esquecendo. Percebi que as cartas representadas por pessoas, e não por objetos, eram mais fáceis de lembrar. As pessoas podem interagir com as paradas em minha jornada; elas têm sentimentos e emoções capazes de transformar uma cena abstrata em algo calamitoso, prazeroso, hilário, e assim por diante. A injeção de emoção em minhas memorizações as tornava mais fáces de lembrar instantaneamente. Assim, era hora de converter todos os códigos de minhas cartas em pessoas (e um par de animais favoritos).

Você se lembra do 3 de espadas? Inicialmente, eu o codifiquei como uma floresta, depois como uma lenha e, então, em minha rodada final de refinamento, a carta virou Malcolm, o homem que costumava fornecer lenha para minha lareira. O 6 de ouros, outrora um avião, virou Tim, amigo que costumava trabalhar para uma companhia aérea. Assim, comecei a trabalhar febrilmente, refinando meus códigos; por fim, cheguei a uma lista de personagens que deixaria uma impressão duradoura em minha memória. Nem todos são de pessoas que eu conhecia: também há muitos rostos famosos na lista. O 3 de copas, por exemplo, é representado pelas Beverley Sisters (um trio de cantoras das décadas de 1950 e 1960), enquanto o rei de paus não é mais Jack Nicklaus, e sim Adolf Hitler (o naipe de paus me faz pensar em agressores). Trinta anos depois, agora que minha raça superior de personagens inesquecíveis associados às cartas está em vigor, raramente altero os códigos, porque não tenho necessidade. E há uma carta que é muito especial, porque jamais foi alterada: tenho orgulho de dizer que o 5 de paus até hoje é meu querido e velho cachorro.

CAPÍTULO 10

USANDO O MÉTODO DA JORNADA

Para se lembrar em detalhes de todas as atividades em que você se envolveu no dia de ontem, se você for como eu, partirá do início do dia e "caminhará" pelos lugares para se lembrar do que fez em cada um deles. Então, se eu lhe perguntar o que comeu no almoço de ontem, provavelmente você vislumbrará sua imagem no local, consumindo sua comida. Quem sabe você estava junto à mesa de sua cozinha, em seu escritório ou em um café ou restaurante. Mesmo se você comeu em movimento, provavelmente se verá nos lugares pelos quais passou, caminhando e mastigando simultaneamente. A partir desse ponto de referência – qualquer que seja –, você investiga retrospectivamente e se lembra do que comeu. Trabalho concluído.

Os lugares proporcionam âncoras para as nossas memórias: são pontos de referência, nos quais registramos nossos movimentos no tempo. Acredito que, sem esses pontos de referência, nossos processos de pensamento e, especificamente, nossas memórias seriam muito mais caóticos, aleatórios e impossíveis de recapturar. Se me pedirem para dar uma visão geral de minha vida, traço meus movimentos por todas as cidades e vilarejos em que morei. Para revelar minhas experiências com educação, lembro-me primeiro das imagens das diferentes escolas que frequentei. Em relação à minha carreira, começo vendo-me em cada um dos prédios onde trabalhei.

Os três elementos básicos para o desenvolvimento de uma memória altamente eficiente são: Associação, Localização e Imaginação (pense em Muhammad Ali para ajudá-lo a se lembrar desses elementos). E depois que planejei o método da jornada, finalmente cheguei à solução definitiva para o desafio que me impus quando vi Creighton Carvello memorizar aquele baralho na tevê.

Como funciona?

Relatei como usei o método da jornada para memorizar meu primeiro baralho, mas, para introduzi-lo a seu uso, quero conduzi-lo especificamente pelos meus processos de pensamento, enquanto utilizo uma jornada curta, com sete estágios, em uma casa típica, para memorizar uma lista de itens.

Eis os sete primeiros estágios de minha jornada pela casa:

ESTÁGIO 1 – **Janela do quarto**
ESTÁGIO 2 – **Criado-mudo**
ESTÁGIO 3 – **Patamar da escada**
ESTÁGIO 4 – **Banheiro**
ESTÁGIO 5 – **Armário de roupas de cama**
ESTÁGIO 6 – **Sala de estar**
ESTÁGIO 7 – **Cozinha**

Em primeiro lugar, imagine-se percorrendo a jornada com passos lógicos. Não se preocupe se essa rota não corresponder à de sua casa. Você pode adaptar o método para ajustar sua casa posteriormente ao processo. Por enquanto, aprenda essa rota, de modo que você consiga percorrê-la em sua imaginação de frente para trás e de trás para frente. Ao sentir confiança de que é capaz de fazer isso, você estará pronto para usá-la como um conjunto de ganchos para pendurar uma lista de sete itens. De novo, falamos de como as pessoas são mais fáceis de enganchar nos estágios da jornada do que os objetos, mas os objetos proporcionam bons casos de teste, enquanto você está se acostumando com o método (em sua vida diária, você também tem mais probabilidade de querer memorizar objetos, na forma de listas de compras ou, talvez, na de presentes recebidos em seu aniversário, para que você possa escrever notas de agradecimento).

NO INTERIOR DE MINHA MENTE: É TUDO GREGO!

Quando, durante meus testes com cartas de baralho, cheguei à conclusão de que o uso de uma jornada era o modo mais eficaz de memorizar uma lista de informações, achei que tinha desenvolvido um novo sistema próprio. Alguns anos depois, descobri que, na realidade, esse método tinha milhares de anos. Nas tradições orais de todo o mundo, os mais velhos contavam histórias para preservar seus costumes e suas culturas para as futuras gerações. Constatei que, com a escassez de papiros para a escrita, os antigos gregos tinham usado os "loci" (lugares) como auxílio à memória bem antes de eu descobrir isso! Mas como eles inventaram o sistema?

> A história remonta a Simônides de Ceos (cerca de 556 a.C. a 468 a.C.), poeta grego que escapou por um triz da morte ao sair de um banquete para se encontrar com dois jovens fora do palácio. Quando chegou ao lado de fora, Simônides não conseguiu encontrar os visitantes e decidiu voltar para a festa. No entanto, nesse momento, a terra tremeu e o salão de banquete desmoronou, matando todos os convidados. Posteriormente, Simônides foi solicitado a identificar os corpos, o que ele fez lembrando-se do lugar que eles ocupavam à mesa. Segundo os historiadores, esse foi o nascimento do sistema do palácio da memória, ou método de loci. Dali em diante, os oradores da Grécia Antiga colocavam elementos de suas histórias em determinados lugares ao longo de uma rota mental, a fim de se lembrar da história na ordem correta.
>
> Apesar de ficar um tanto chocado por descobrir que não estava nem perto de ser a primeira pessoa a utilizar esse sistema, ao mesmo tempo também me tranquilizei: se um sistema como o método da jornada fora bastante útil para os antigos gregos, eu devo ter acertado em cheio.

Por mais estranho que possa parecer, recomendo que você não encare esse exercício com a intenção de fazer muito esforço para memorizar os itens. A magia do método da jornada é que ele é fácil na prática; você não tem de se esforçar muito, pois sua poderosa imaginação e sua habilidade de fazer associações ao longo de uma jornada familiar resultarão na lembrança automática dos itens na sequência original. Não se esqueça de se ater a suas primeiras associações, pois são aquelas com maior probabilidade de voltar para você. Eis os seus itens:

PENA • COLHER DE CHÁ • ESPREGUIÇADEIRA • LESMA • GUARDA-CHUVA • ROSAS • REDE DE DORMIR

ESTÁGIO 1
Janela do quarto/pena
A imagem que aparece em minha mente é a de uma pena branca, que ziguezagueia lentamente diante da janela do quarto. Procure compreender o que você imagina para fixar essa imagem. Pense em uma razão lógica de por que a pena estaria flutuando: talvez um pássaro a deixou cair ou o vento a soprou de um ninho situado na calha de sua casa; ou talvez tenha escapado pela janela de seu quarto, tendo se soltado de seu edredom ou travesseiro de penas. Escolha a associação que parece mais natural e lógica para você.

ESTÁGIO 2
Criado-mudo/colher de chá
No estágio 2, vejo uma colher de chá sobre o criado-mudo. Isso é bastante direto; assim, para ajudar na fixação da imagem, preciso perguntar por que a colher está ali. Quem sabe foi deixada para trás depois da xícara de chá matinal, ou talvez deixei ali após tomar uma dose do remédio noturno. Você se lembra da importância de utilizar os sentidos para firmar as associações (veja p. 31)? Posso imaginar que lambi a colher, esperando que o gosto nela me dará uma pista de por que ela está ali e para o que foi usada. Mergulho completamente no cenário.

ESTÁGIO 3
Patamar da escada/espreguiçadeira
Ao me deslocar para o patamar da escada, encontro uma espreguiçadeira bloqueando o caminho. Nesse caso, há diversas oportunidades para o uso dos sentidos. Qual é a cor da espreguiçadeira? A estrutura dela é de madeira ou metal? É lisa ou rugosa? Você consegue contornar a espreguiçadeira ou tem de suspendê-la para tirá-la do caminho? Também me pergunto por que alguém a deixaria ali? Para recolocá-la no sótão? Talvez uma criança a trouxe para o andar superior para brincar com ela? Veja-se contornando a cadeira ou a fechando. Lembre-se de que você é o protagonista de seu filme mental. Assim, faça o que parece natural. Talvez você se sinta um pouco perturbado ou frustrado com a obstrução; tanto melhor se você for capaz de utilizar suas emoções para fazer a cena parecer mais real. Lembre que, se você realmente fizer parte da ação, terá maior probabilidade de induzir seu cérebro a pensar que ela realmente aconteceu (veja pp. 47-48).

ESTÁGIO 4
Banheiro/lesma
Esse estágio gera um pouco mais de problemas, pois é mais difícil achar uma linha nítida de lógica. No entanto, isso significa que é hora de fazer uma das associações que você praticou no capítulo 6. Há lesmas na banheira, nas paredes e na pia? Ou você só consegue ver uma única lesma, que deixou rastros de limo pelo azulejo? Talvez haja apenas uma lesma, mas que é imensa? Pessoalmente, acho que o exagero no tamanho interfere em minha necessidade de lógica e aumenta sem precisar a carga de trabalho de meu

cérebro. Assim, provavelmente seguiria algo mais verossímil (os rastros de limo, talvez).

ESTÁGIO 5
Armário de roupas de cama/guarda-chuva
Em minhas jornadas, qualquer armário precisa ser aberto! Imagino-me abrindo a porta e um guarda-chuva vermelho caindo para fora. No processo de memorização, a cor é importante porque torna a associação mais vívida. Também procuro evocar o som do guarda-chuva quando se choca com um barulho surdo no chão. Para início de conversa, por que o guarda-chuva estava no armário? Está fechado ou aberto? É pequeno e compacto ou é grande com um cabo longo? Pertence a quem? Você o levanta do chão para guardá-lo de novo?

ESTÁGIO 6
Sala de estar/rosas
Essa sala tem o cheiro do perfume de rosas. Sobre a mesa de centro, há um vaso cheio de flores amarelas. Você pode escolher a cor que quiser. Escolhi amarelo, porque é uma cor alegre. É como a destinatária das rosas deve ter se sentido quando as recebeu. Por que foram dadas? Talvez tenham sido um presente de aniversário?

ESTÁGIO 7
Cozinha/rede de dormir
Quando não consigo achar nenhum sentido óbvio para uma associação, coloco-me dentro da cena. Imagino uma rede pendurada nos puxadores do armário da cozinha, bloqueando o

caminho para a porta dos fundos. Jogo-me sobre a rede e me imagino balançando de um lado para o outro e me chocando contra a porta da geladeira no processo.

Sua jornada está completa. Agora, aposto que você será capaz de responder às perguntas a seguir com facilidade (seguramente reprisando a cena em sua mente até alcançar a resposta):

- Que item estava no banheiro?
- Onde estavam as rosas?
- Qual é o quarto item da lista?
- Que item está entre a pena e a lesma?
- Você é capaz de nomear todos os setes itens, em ordem?

Agora, pratique o exercício das páginas a seguir e, depois, leia a conclusão na página 75.

EXERCÍCIO 6: sua primeira jornada

Agora chegou a hora de você testar o método da jornada sozinho; dessa vez, não quero pôr ideias em sua cabeça, pois suas associações serão muito mais fortes do que as ligações que faço para você. Siga os passos e, como sempre, não tente revisar as primeiras ligações que chegam a você, e sim torná-las as mais vívidas possíveis, utilizando todos os seus sentidos.

1. Planeje uma rota em sua casa, incluindo doze estágios. Se você sair de lugares situados no interior de casa, estenda a jornada ao seu jardim e ao longo da rua. Primeiro, certifique-se de que a rota é lógica: não escolha como estágio 1 o quarto de dormir, como estágio 2 a cozinha e como estágio 3 o banheiro do quarto de dormir, por exemplo. Em segundo lugar, não volte a um recinto depois que você o deixou. Anote a lista de estágios, se isso ajudá-lo a planejar sua jornada. Foi o que fiz quando desenvolvi minhas primeiras rotas, em 1987.

2. Percorra mentalmente a jornada repetidas vezes, até você conseguir se lembrar dela de trás para a frente e de frente para trás sem pensar. Se possível, percorrer a pé a jornada algumas vezes também pode ajudar.

3. Quando você se sentir confiante de que conhece sua rota muito bem, aplique o método da jornada para memorizar a lista de doze itens a seguir, na ordem correta. Permita que sua imaginação vívida venha à tona; lembre-se, utilize a lógica, a criatividade, os sentidos e as emoções. À medida que você avança pela rota, não fique tentado a voltar a olhar para a lista para refrescar sua memória. Confie no poder de sua mente

e tenha fé de que a jornada preservará os itens e sua ordem. Não tenha pressa, mas, em geral, dois minutos são suficientes.

BOLO • CAVALO • JORNAL • CHALEIRA • CHICOTE • CANHÃO • BANANA • TELEFONE • ELVIS PRESLEY • TELESCÓPIO • SINO • CAFÉ

4. Cubra a lista e veja de quantos itens você consegue se lembrar na ordem exata. Anote-os. Alguns voltarão para você com mais facilidade que outros. Por exemplo, Elvis Presley provavelmente será um dos mais fáceis. Lembra-se de como descobri que, no método da jornada, pessoas funcionam muito melhor do que objetos, sendo o motivo pelo qual converti todas as minhas cartas de baralho em pessoas? Uma pontuação de 9 ou mais itens é muito boa.

5. Agora, para provar a si mesmo a eficácia do método, responda às perguntas a seguir:

- Que item da lista está entre Elvis e o sino?
- Qual é o terceiro item da lista?
- Em que posição numérica na lista está o canhão?
- Que item vem depois da banana?
- De quantos itens você consegue se lembrar corretamente na ordem inversa?

Lembrar-se dos itens na ordem inversa é algo difícil. Assim, parabéns se você conseguiu lembrar corretamente os doze itens. Não se preocupe se não conseguiu; ficará mais fácil com a prática.

Conclusão: desmistificando a mágica

Eis outra pergunta: quais das funções a seguir, nos hemisférios esquerdo e direito do cérebro, você utilizou para os elementos práticos deste capítulo? E quantos de seus sentidos você usou? A resposta é: todos!

Graças ao lado esquerdo do cérebro, você utilizou sequência, lógica, fala, análise e habilidade matemática (por exemplo, para elaborar o que era o quarto item da lista, na página 72), enquanto o lado direito lhe deu imaginação, cor, dimensão (tamanho e formato dos objetos) e percepção espacial (senso de localização e lugar). Os sentidos lhe trouxeram paladar, tato, visão, olfato e audição. Os dois lados de seu cérebro e seus sentidos estavam todos funcionando em harmonia.

O exercício das páginas anteriores é um dos mais importantes deste livro, pois, pela primeira vez, você está planejando sua própria jornada e a utilizando para memorizar uma lista de itens que lhe dei. Posso contar tudo o que sei, que penso ou que descobri a respeito do método da jornada, mas até você começar a usá-lo sozinho, incluindo o planejamento de suas jornadas, ele ainda será um princípio abstrato, sem ligação com seu poder de memorizar o cotidiano. Gosto dessa parte do processo de tutoria, pois é agora que tudo que tentei explicar até aqui se reúne, e você consegue enxergar por si mesmo a magia do método da jornada.

CAPÍTULO 11

EVIDÊNCIAS EM RELAÇÃO AO MÉTODO DA JORNADA

Até agora, tudo que ensinei a respeito do método da jornada sugere que, para a obtenção do melhor resultado, você deve utilizar uma rota que conhece – uma que seja real – para enganchar os itens nela. No entanto, há alguma base científica para isso? O uso repetido dessas jornadas torna sua memória melhor? E por que as jornadas reais são tão eficazes?

Em 2002, junto a outros "memorizadores superiores", participei de um estudo conduzido pelo Institute of Neurology, em Londres, para ver o que acontecia em nossos cérebros quando memorizamos informações.

Nós nos submetemos a exames envolvendo imagens por ressonância magnética funcional: sucessivamente, cada um de nós passou por um mapeamento do cérebro, primeiro para a busca de algo incomum ou irregular em nossas estruturas cerebrais e, depois, para a visualização do que acontecia quando adicionávamos informações na memória. Nossos resultados foram mensurados em comparação a um grupo de controle que não tinha conhecimento de técnicas de memorização. O estudo concluiu que não havia nada de genial em nossos cérebros;

estruturalmente, todos os "memorizadores superiores" tinham cérebros iguais aos de todo mundo. Contudo, a evidência também revelou que quando nós, mnemonistas, memorizamos informações, utilizamos a "estratégia de aprendizado espacial". Isso significa que utilizamos a região em nossos cérebros, o hipocampo, que é especialmente importante para a memória espacial (na realidade, existem dois hipocampos, mas, na fala, tendemos a nos referir a eles coletivamente como um só). É a parte da memória que todos nós utilizamos para registrar informações acerca de nosso ambiente e para nos orientar dentro de um espaço, quer seja um quarto ou um prédio, quer seja um parque ou uma cidade. Em essência, o hipocampo nos ajuda a não nos perdermos! A evidência científica disso torna a eficácia do método da jornada mais fácil de entender.

Quando memorizo centenas de palavras, números ou cartas de baralho, navego em rotas que envolvem campos de golfe, locais de férias, cidades, vilarejos, casas e jardins de amigos, e caminhos favoritos familiares. Sempre que faço isso, ativo a região hipocampal, que fica mais forte, fortalecendo, por sua vez, minha memória geral. Um volume substancial de pesquisa revela que a região hipocampal dos motoristas de táxi londrinos, que passam três anos aprendendo "The Knowledge",[1] a respeito de quinhentas rotas da cidade, tende a ser um pouco maior do que a do restante da população. Quanto mais experiente o motorista, maior o hipocampo. Acredito que isso seja resultado direto de ter

---

[1] Treinamento intensivo que um taxista deve fazer a fim de desenvolver o conhecimento completo das ruas de Londres e suas diversas rotas, antes de obter a licença para exercer a atividade. (N. T.)

um trabalho que requer horas de navegação. Na realidade, não é diferente do princípio de que, se você quiser um abdome mais liso, precisará exercitar seus músculos abdominais com regularidade.

Senso de lugar e memória episódica

Quando fico em um lugar que conheço muito bem, como minha cozinha, vinculo tantas memórias pessoais a ele, que consigo perceber aquele recinto de diversas maneiras distintas. É quase como se o local pudesse parecer completamente diferente dependendo das memórias específicas evocadas. Se você está em um lugar que conheceu bem durante anos, olhe ao redor. Agora, tente lembrar-se da imagem de si mesmo no mesmo lugar, mas em uma época anterior de sua vida, ou mesmo simplesmente em um outro dia. O espaço parece diferente?

Quando penso em um determinado lugar em relação a uma determinada memória, o lugar é reinventado de acordo com a atmosfera daquela recordação. Acredito que nosso senso de lugar está ligado não só à percepção espacial, mas também à memória episódica – a parte da memória que registra acontecimentos em que estivemos envolvidos. A memória episódica é sua autobiografia interna. Quando um lugar contém um capítulo (ou, ainda melhor, capítulos) de sua história, sua lembrança (ou lembranças) dele – e, portanto, sua eficácia como instrumento da memória – é muito forte.

Sempre investigador, tive curiosidade de saber se podia estimular esse tipo de conexão com um lugar. Assim, utilizando *softwares* de jogos para me ajudar, experimentei usar os mundos da realidade virtual para desenvolver rotas inventadas para a memorização das informações. Até os empreguei em competições de memória.

Embora ainda consiga obter um senso de lugar a partir delas, acho que as jornadas virtuais não são tão eficazes quanto as reais. De algum modo, meu cérebro não fica inteiramente convencido delas. A conclusão, então, é simples: as rotas mais bem-sucedidas são aquelas que mantêm em estoque um rico suprimento de memórias episódicas e fornecem uma orientação espacial forte. Isso significa que, em geral, as localizações mais familiares proporcionam as melhores rotas para o método da jornada.

O efeito von Restorff

No entanto, o senso de lugar não é a única coisa que faz o método da jornada funcionar. Sua eficácia também está firmemente associada com a maneira pela qual vinculamos imagens a cada uma das jornadas. Em 1933, Hedwig von Restorff, psicóloga alemã, realizou uma série de experiências para tentar identificar o que torna algo memorável. Ela concluiu que um dos critérios mais poderosos para a recordação é a individualidade. Se algo se sobressair por ter um formato, um tamanho ou uma cor diferente, ou, de alguma outra maneira, distinguir-se de modo significativo e característico de outros itens ao redor dele, ficará mais fácil de ser lembrado. Por exemplo, em um campo de papoulas vermelhas, um único girassol se torna memorável; em um recinto cheio de pessoas trajando *smokings*, a pessoa de casaca se fixa na mente. O efeito funciona na realidade e também na teoria. Assim, considere a lista a seguir: lanterna, estribo, peixe, relógio, ouvidos, vaso, Johnny Depp, carro, colar, carrinho de mão, mala, barco, martelo e colher. O item que se destaca é Johnny Depp; não porque ele é famoso, mas porque ele é a única pessoa em uma lista de objetos inanimados.

NO INTERIOR DE MINHA MENTE: FICANDO LIGADO

Procuro arranjar minhas rotas do método da jornada de modo a entrar e sair de prédios. Acho que esse fluxo natural de entrada e saída de locais prende minha atenção, enquanto os estágios da jornada são colocados tanto dentro como fora, para manter as coisas frescas em minha memória. As mudanças regulares de atmosfera agem como pequenos impulsos ou cutucadas, impedindo-me de perder a concentração ou de me tornar complacente. Por exemplo, em minha jornada original a partir do portão da frente, no vilarejo onde moro, peguei-me entrando e saindo de lojas. Quando visito o agente de viagens, consigo "sentir" o ar quente e levemente abafado em meu rosto, mas, assim que me imagino saindo de lá, "sinto" o ar fresco em meu rosto e isso meio que me acorda mentalmente – como poderia fazer na vida real. De novo, isso tudo é parte da ideia de induzir o cérebro a acreditar que o que estou imaginando realmente aconteceu comigo.

    O efeito von Restorff é outro motivo pelo qual o método da jornada é tão poderoso: cada item da lista se torna excepcional ou incomum de alguma maneira por sua associação com os estágios da jornada. Digamos que, por exemplo, o item "barco" coincide com o estágio de minha jornada representado por um monumento em homenagem a um soldado. Imagino um imenso barco de guerra (que proporciona uma ligação lógica entre o barco e o memorial) equilibrando-se sobre o topo do monumento: está precariamente instalado e oscilante, deixando-me ansioso com o fato de que poderá cair. Dessa maneira, o item "barco" é transformado em algo excepcional e, portanto, de acordo com o efeito von Restorff, torna-se mais memorável. Em resumo, não importa o quão desinteressante ou uniforme uma lista de itens pareça à primeira vista: o uso do método da jornada transforma os itens em assuntos que são fáceis de memorizar.

CAPÍTULO 12

CINCO SUGESTÕES PARA CRIAR UM BANCO DE JORNADAS

Acho justo dizer que tenho uma personalidade compulsiva. O método da jornada tinha me dado meios para memorizar um baralho, exatamente como Creighton Carvello. No entanto, àquela altura, também tinha visto o nome de Creighton Carvello no *Guinness World Records* por causa da memorização de seis baralhos. Se eu tinha conseguido igualar seu feito com um baralho, então, sem dúvida, conseguiria memorizar seis baralhos ou mais, e colocaria meu nome no livro dos recordes. Em outras palavras, depois de ter criado o método da jornada, evidentemente não iria descansar até bater o recorde de Carvello. Tudo o que eu precisava fazer era aumentar o número de rotas usado, de modo que conseguisse lidar com diversos baralhos. Por exemplo, para memorizar seis baralhos de cartas embaralhadas, eu precisava de seis rotas com 52 estágios. Fácil!

Em três ou quatro horas, consegui controlar rotas situadas em três campos de golfe, em duas casas de minha infância e na cidade de Hastings, no condado de East Sussex, onde trabalhei no passado. (A propósito, se você não for um jogador de golfe, deve estar querendo saber como três campos de golfe podem ser distintos o suficiente para fornecer boas rotas para memorização. Na realidade, não tenho uma explicação para isso, exceto dizer que, se você for um jogador de golfe, entenderá! Cada campo de golfe possui suas paradas e ondulações peculiares e, se você joga bastante – como reconheço que joguei –, sabe que cada um é maravilhosamente único.) Utilizei essas rotas para memorizar seis baralhos, sem erros.

Minhas tentativas repetidas de refinar o sistema com o objetivo de entrar no livro dos recordes, além de provar para mim mesmo que eu podia ser o melhor, me fizeram perceber que, a fim de alcançar grandes feitos de memorização, eu precisava ter um banco de jornadas que pudesse explorar à vontade. Ao longo dos anos, não só refinei e aperfeiçoei o método da jornada, mas também contribuí para o banco de jornadas utilizado por mim. Inicialmente, enquanto desenvolvia o sistema, e depois, nos anos em que participei dos campeonatos mundiais de memória, adicionei diversas novas rotas por ano. No entanto, desde que deixei as competições de lado, tenho adicionado, talvez, apenas uma rota com 52 estágios por ano. Atualmente, tenho uma coleção de setenta rotas, cada uma com 52 estágios, que utilizo repetidas vezes. Algumas, reservo exclusivamente para memorizar grandes quantidades de dados em competições; outras, guardo para tarefas específicas, como memorizar uma lista de afazeres ou os pontos-chave de uma apresentação.

Para dar uma ideia dos tipos de locais que escolho, minhas vinte rotas principais – isto é, as rotas que conheço melhor e que se provaram mais bem-sucedidas para memorização – englobam três campos de golfe, seis casas, cinco hotéis, três cidades, duas escolas e uma igreja. São lugares que conheço muito bem e que já possuem um conteúdo de memória em minha mente. Numero as rotas de um a vinte e, se preciso usar mais de uma para uma memorização específica, sempre as emprego na mesma ordem. Não há regras imutáveis para a decisão de que locais proporcionarão as melhores jornadas de memorização. A escolha das jornadas que você utilizará para armazenar informações é uma questão inteiramente pessoal, mas ofereço algumas sugestões importantes que, espero, ajudarão a tornar bem-sucedido o seu banco de jornadas.

NO INTERIOR DE MINHA MENTE: CHEGANDO AO LIVRO DOS RECORDES

Mesmo depois de eu ter o meu banco de jornadas, imprimir meu nome no Guinness World Records *não aconteceu de um dia para o outro. Minha primeira tentativa de chegar ao livro dos recordes foi em 1988, quando memorizei seis baralhos embaralhados um com o outro a partir de uma única visualização de cada carta. Não cometi erros... Mas, então, posteriormente naquele ano, Jonathan Hancock, colega britânico, superou-me, memorizando sete baralhos.*
Com mais determinação do que nunca, em 11 de junho de 1989, memorizei 25 baralhos com quatro erros, mas ainda assim não foi suficiente. Então, finalmente, em 22 de julho de 1990, consegui. Memorizei 35 baralhos com apenas dois erros e entrei no Guinness World Records, *edição de 1991.*

> *Lembro que estava em férias e corri para a livraria para comprar um exemplar do livro no dia do lançamento. Estava muito empolgado. Aquilo iria mudar minha vida! Mais importante, porém, era que, ao ver meu nome impresso, confirmou-se em minha mente o fato de que eu talvez não fosse tão cabeça oca como sempre me disseram no tempo da escola. Com autoconfiança e determinação, talvez não houvesse nada que minha memória não conseguisse atingir.*
>
> *Atualmente, embora aquele recorde tenha sido quebrado, tive diversas outras menções no Guinness. Minhas jornadas agora se tornaram algo quase tão instintivo para mim que não só cheguei ao livro dos recordes pelo número de cartas memorizadas, mas também pela velocidade de minhas memorizações. Em 1996, no Record Breakers, programa de tevê britânico, memorizei um baralho em apenas 38,29 segundos e, de fato, tenho o atual recorde mundial de número de cartas memorizado: 54 baralhos, depois de uma única visualização de cada carta, com apenas oito erros, que alcancei em maio de 2002.*

1. Escolha rotas que você conhece muito bem

Além de permitir que você se concentre nos itens que precisa memorizar, em vez de na rota em si, conhecer perfeitamente a jornada é um dos segredos para cortar alguns segundos no processo de memorização (e esse é o motivo pelo qual cheguei ao livro dos recordes por velocidade; veja o quadro anterior). Caminhadas na mata que faço com frequência com meu cachorro, casas onde morei, cidades e vilarejos onde vivi durante anos e assim por diante, tudo me fornece material perfeito de jornada. Conheço todas as minhas jornadas muito bem – para frente e para trás –, tanto que me deslocar de uma parada para outra tornou-se algo praticamente automático. Em vez de me observar mentalmente caminhando passo a passo ao longo da jornada, tenho a impressão de me deslocar em uma série de fotografias instantâneas; como uma exibição de *slides* em minha mente. No entanto, não espere que isso aconteça de imediato. Quando você começar, talvez precise "andar" pelo seu caminho, através de suas jornadas, mas, com o tempo, você será capaz de se mover magicamente de um lugar para o outro, desde que suas jornadas tornem-se algo quase instintivo para você.

2. Escolha rotas que têm importância para você
Essa segunda sugestão está ligada à primeira, mas é bastante importante para justificar uma menção à parte. Ao começar uma memorização, posiciono-me na primeira parada de minha jornada e dedico alguns segundos para obter uma noção de onde estou. Absorvo a atmosfera ao meu redor e volto no tempo para tentar recapturar as emoções que senti naquele lugar. De fato, induzo meu cérebro a acreditar que estou ali de novo, parado naquele mesmo lugar; quanto mais real consigo deixar isso, maior a probabilidade de que minhas memorizações se fixarão. As rotas que o levam a lugares que têm ou tiveram significado em sua vida, de modo que sejam ricas em emoção e importância, criarão as melhores jornadas para uma memorização bem-sucedida. Muitas das minhas jornadas preferidas ocorrem em lugares onde me senti particularmente feliz.

3. Escolha jornadas que proporcionam boa variedade
Planeje suas rotas para que as paradas sejam variadas e interessantes, e apareçam em uma variedade de lugares. Frequentemente dou aulas para alunos que acham que uma viagem de trem rotineira resulta em uma grande jornada de memorização. No entanto, logo eles descobrem que, depois que pararam em três ou quatro estações, a rota em si pode tornar-se complicada de ser lembrada; depois de certo tempo, uma estação ferroviária começa a parecer igual a outra.

Certa vez, desafiei um grupo de alunos a memorizar os artigos principais de cada página de um jornal. Ao utilizar suas rotas iniciais, os alunos não conseguiram lembrar mais do que as três ou quatro primeiras manchetes. Então, mostrei-lhes como jornadas mais interessantes melhorariam a lembrança deles. Estava dando o curso em um castelo; ou seja, um cenário fantástico para uma série de paradas interessantes; assim, levantamo-nos das cadeiras e começamos a percorrer a pé uma rota e a memorizamos enquanto caminhávamos. Discutimos a primeira manchete na sala de aula; em seguida, deslocamo-nos para outro recinto, com uma mesa que tinha peças de xadrez sobre ela, e ali revisamos a página dois. Na sala de jantar, mostrei a todos as fotos e os artigos da página três. Nossa jornada nos levou a todo o castelo e ao jardim; em cada estágio, revisamos a página seguinte do jornal. Finalmente, alcançamos o estacionamento de carros, onde observamos e falamos da última página. Ao voltarmos para a sala de aula, para a satisfação de todos, percorrendo mentalmente a rota, o grupo lembrou-se de um ou mais itens das notícias de cada página.

Entrar e sair de recintos e prédios, atravessar caminhos, rios e campos – cada jornada em seu banco deve ter estágios os mais distintos possíveis uns dos outros. Mudanças de cenários e transições entre a parte de dentro e a parte de fora me mantêm alerta e concentrado, impedindo que eu me torne complacente a respeito de onde estou.

4. Escolha determinadas jornadas para memorizar determinadas coisas

Acho que algumas jornadas funcionam melhor para a memorização de coisas específicas. Por exemplo, geralmente acho que jornadas baseadas em espaços abertos são ideais para a memorização de discursos e nomes. Para memorizar um discurso, utilizo o leiaute de um campo de golfe. É algo pessoal, mas me sinto menos limitado usando lugares externos para discursos – tenho bastante espaço para formular imagens mnemônicas, algumas das quais podem ser complicadas e exigir diversas associações em um lugar (por exemplo, se eu tiver uma citação para memorizar). Da mesma forma, utilizo uma de minhas caminhadas preferidas pela paisagem rural para memorizar nomes, pois alguns deles, sobretudo aqueles com três ou quatro sílabas, obrigam-me a ligar diversas imagens (que têm de ser armazenadas em uma parada) para apenas aquela única informação. Se, em minha jornada, tenho muito espaço ao redor de cada parada, tenho espaço para colocar a combinação de imagens sem que elas pareçam confinadas, desajeitadas ou ilógicas.

Por outro lado, quando memorizo baralhos, utilizo uma imagem por carta (ou por par de cartas – posteriormente, darei mais detalhes a respeito disso) e utilizo uma imagem para pares de números (também chegaremos a isso). Assim, para cartas de baralho e números, os cenários interiores, nos quais uma imagem individual pode ser vinculada a uma posição individual, funcionam muito bem. Naturalmente, essas escolhas são muito pessoais; você saberá o que funciona melhor para você.

5. Escolha jornadas que dão bons pontos de observação

Toda vez que percorro uma jornada, vejo a fotografia instantânea de cada lugar exatamente do mesmo ponto de observação que sempre utilizei. Por exemplo, quando chego à parada do agente de viagens em uma de minhas jornadas, sempre me detenho um pouco após a entrada para observar os anúncios na parede; quando chego a uma passagem de nível, sempre me detenho no meio dela, erguendo os olhos para a estrada. Observo através da vitrine da loja de roupas; nunca entro para olhar. A regularidade dos pontos de vista toda vez que uso uma jornada específica acelera o processo de deslocamento de estágio para estágio. Assim, é importante que as jornadas escolhidas forneçam estágios que possuem pontos de observação bons e instintivos, de modo que você não se pegue querendo mudá-los sempre que utilizar aquela rota.

CAPÍTULO 13

A ARTE DE GIRAR OS PRATOS DA MEMÓRIA

Falei bastante a respeito da grande quantidade de itens que consigo memorizar em uma única sessão. Provavelmente, dei a impressão de que fiz isso em uma primeira tentativa, sem voltar atrás durante a memorização para verificar o que já tinha implantado em meu cérebro. Contudo, não é assim tão simples (ou sobre-humano!). Quando faço minhas tentativas de quebra de recorde, reconheço que tenho um limite além do qual os primeiros itens da sequência memorizada podem começar a ficar um pouco nebulosos. É fundamental, portanto, dedicar algum tempo para uma revisão. Saber quando e quantas vezes revisar os dados que você precisa lembrar (quer sejam baralhos de cartas ou lista de compras, quer sejam informações para uma reunião ou um exame) fará a diferença entre o sucesso e o fracasso em suas tentativas de lembrança.

Uma boa analogia é a arte circense de girar os pratos. O artista gira os pratos sobre as extremidades de varetas em posição vertical, um de cada vez. Depois que cerca de dez pratos foram postos para girar, os dois ou três primeiros começam a oscilar. O artista verifica esses primeiros pratos, dá um pouco de impulso nas varetas para manter os pratos girando e, em seguida, continua a girar cada vez mais pratos, até que existam trinta ou mais rodando ao mesmo tempo.

Quando memorizo dados, algo parecido acontece. Posso começar memorizando, digamos, diversos baralhos, sequências de números, nomes de pessoas e assim por diante, mas, em algum momento – você tomará conhecimento desse momento por meio de tentativa, erro e experiência –, os dados que memorizei no início começam a oscilar em minha cabeça. Eis por que, se você quer uma memória perfeita, tem de aprender um método eficaz de revisão.

A regra de cinco

Se tenho um período de tempo limitado para memorizar uma grande quantidade de dados, sei que preciso revisá-los cinco vezes para que a informação se fixe. Quanto mais revisões fizer, mais forte a retenção e por mais tempo consigo armazenar as memórias. No entanto, se o tempo é curto, como durante uma competição, ou se preciso memorizar uma série de nomes em um recinto rapidamente, cinco revisões é o mínimo.

Em 2002, cheguei ao livro dos recordes memorizando 54 baralhos, embaralhados aleatoriamente. Em algum momento de meu futuro, pretendo superar meu próprio recorde e memorizar uma sequência de cem baralhos. Alguém vai embaralhar todas as 5,2 mil cartas e, depois, distribuí-las em cem pilhas de 52 cartas, com as faces viradas para baixo sobre a mesa. Então, tentarei memorizar toda a sequência, observando cada carta apenas uma vez. No fim da memorização, tentarei me lembrar da sequência.

De acordo com as regras rígidas do *Guinness World Records*, minha margem de erro é de apenas 0,5%. Isso significa que não posso cometer mais que 26 erros, no total.

Isso pode parecer um desafio impossível, mas, na realidade, a memorização de cada baralho de 52 cartas está longe de ser impossível. Em primeiro lugar, tenho plena confiança de que meu sistema funciona. Posso ter cem jornadas de 52 estágios bem preparadas e, por meio do método da jornada, sei que serei capaz de colocar uma carta em cada estágio da jornada, em ordem, e de conseguir fixá-la, até ter usado todas as jornadas e memorizado todas as cartas. (Na prática, atualmente tenho um atalho que me permite colocar duas cartas em cada estágio, mas quero manter as coisas simples por enquanto. Assim, explicarei o atalho posteriormente.)

De fato, meu êxito ou meu fracasso não dependerão realmente da minha capacidade de aplicar o método da jornada, mas, sim, da eficácia de minha estratégia de revisão; isto é, minha aplicação da regra de cinco.

Depois de memorizar a primeira pilha de 52 cartas (algo que leva cerca de três minutos), imediatamente realizarei minha primeira revisão dessa sequência. A revisão leva cerca de trinta segundos. Como esse é um desafio que envolve uma única visualização, não poderei olhar as cartas de novo. Assim, revisarei somente a partir da memória, voltando a percorrer mentalmente a rota. Farei a mesma coisa para as quatro pilhas seguintes; memorizando e, depois, revisando a partir da memória cada sequência ao longo da jornada.

Depois de memorizar e revisar as primeiras cinco pilhas, começarei minha segunda revisão. Para isso, revisarei as cartas de todas as cinco pilhas, do começo ao fim. Só depois de fazer isso começarei a memorizar o próximo lote de cinco pilhas de cartas, novamente com a primeira revisão de cada pilha de 52 cartas, seguida por uma segunda revisão daquele conjunto completo de cinco pilhas. Depois de memorizar 25 pilhas de cartas (meros 25% do total!), fazendo a primeira e a segunda revisões, em grupos de cinco, começarei minha terceira revisão, iniciando com a primeira carta da primeira pilha e terminando com a última carta da 25ª pilha, em sequência. Farei minha quarta revisão após completar as próximas 25 pilhas (cada uma delas passando pelo mesmo processo de revisão, como as primeiras 25 pilhas); assim, revisarei mentalmente todas as cartas das cinquenta pilhas. Nesse momento, devo ter bastante confiança de que consigo me lembrar da ordem das primeiras 2,6 mil cartas sem erros. Nesse caso, repetirei todo o exercício de novo para as cinquenta pilhas restantes.

Finalmente, realizarei minha quinta e última revisão só depois de ter memorizado todos os cem baralhos. Depois de concluir a quinta revisão, tentarei lembrar-me de toda a sequência de 5,2 mil cartas, recitando-as uma por uma. Estimo que levarei cerca de seis horas para lembrar e anunciar cada carta.

Para cem baralhos, meu sistema da regra de cinco pode ser mais fácil de seguir com a ajuda do diagrama a seguir:

A ARTE DE GIRAR OS PRATOS DA MEMÓRIA

ESTRATÉGIA DE REVISÃO PARA CEM BARALHOS DE CARTAS

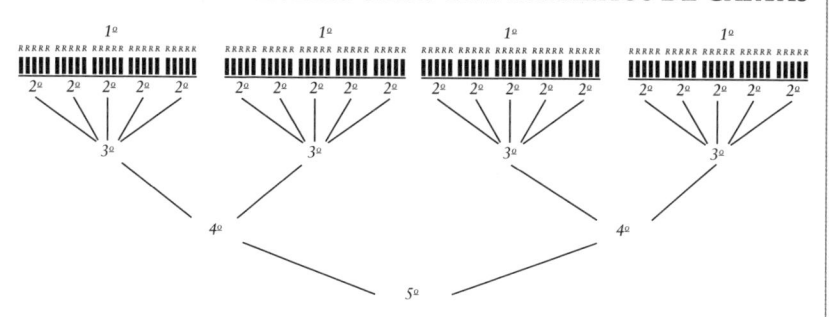

1º, 2º, 3º, 4º e 5º referem-se aos estágios de revisão. Sucessiva e separadamente, você revisa cada um dos cinco primeiros baralhos, imediatamente após memorizar as cartas de cada baralho. Então, depois de completar a primeira revisão dos cinco baralhos, você faz a segunda revisão de todos os cinco baralhos juntos. Em seguida, você avança para memorizar e revisar os próximos cinco baralhos da mesma maneira; e continua fazendo a primeira e a segunda revisões, até ter memorizado 25 baralhos. Nesse momento, você faz a terceira revisão de todas as 25 × 52 cartas. Então, você segue o mesmo procedimento para os próximos 25 baralhos, e, depois, faz a quarta revisão... E assim por diante, até sua quinta revisão.

Em minha opinião, esse padrão de revisão foi decisivo para eu ganhar oito vezes o Campeonato Mundial de Memória. Na competição, os participantes tinham certo período de tempo para a memorização e, depois, certo período de tempo para a recordação. Participei de competições em que, assim que o relógio começava a contar o tempo de recordação, a maioria dos competidores começava a escrever o mais rapidamente possível suas sequências memorizadas. Eles temiam que as informações começassem rapidamente a desaparecer de suas memórias. Talvez apenas dois ou três competidores, eu incluído, meditaram calmamente, a fim de utilizar esse tempo crítico para uma última revisão mental.

Independentemente da modalidade, tenha eu acabado de memorizar nomes e rostos, milhares de dígitos binários ou centenas de palavras, a primeira coisa que faço antes de tentar lembrar-me de algo é realizar uma revisão imediata. No entanto, devo confessar que nem sempre reviso cinco vezes; às vezes, especialmente em competições, simplesmente não tenho tempo. Não obstante, cinco revisões é o número que acredito ser ideal para a perfeita memorização; assim, procuro manter-me fiel à minha regra de cinco revisões o máximo possível.

Da próxima vez que você estiver em uma festa e for apresentado a pessoas que nunca viu antes, ou que seu companheiro ou companheira lhe passar uma lista de itens que você precisa comprar no supermercado, ou que seu chefe lhe der uma lista de instruções, tente usar os princípios da regra de cinco. Assim que você receber as unidades de informação (nomes, itens ou instruções), repita a lista completa para si mesmo, em sua mente (se estiver memorizando nomes, poderá repeti-los em voz alta para as pessoas apropriadas). Se você receber uma lista de compras ou instruções, não fique tentado a correr para anotá-las; simplesmente, faça uma revisão imediata em sua mente. Então, alguns minutos depois, faça outra revisão mental, permanecendo calmo o tempo todo. Talvez você só precise revisar uma vez ou duas; o número de revisões diferirá de acordo com a quantidade de informações que precisa ser memorizada. O importante é a urgência das revisões. Se, em vez de revisar imediatamente, você protelou tentando freneticamente achar uma caneta e um papel para anotar a informação, perdeu um tempo precioso (se você não consegue se lembrar imediatamente da informação, então é improvável que se lembre depois de achar uma caneta e um papel). Se você revisar imediatamente, não haverá deslize, pois não se perde tempo antes de incorporar a informação à sua memória.

> **NO INTERIOR DE MINHA MENTE: PERCEBENDO A COMPETIÇÃO**
>
> *Em 1998, no Campeonato Alemão de Memória, a campainha tocava para a fase de lembrança de diversas modalidades e, toda vez, a maioria das pessoas começava a escrever freneticamente. No entanto, percebi um concorrente que meditava calmamente com os olhos fechados. Não importa se a modalidade envolvia cartas, números ou palavras, ele, evidentemente, estava revisando sua memorização uma última vez. Naquele momento, soube que aquele homem era uma ameaça; se ele estava praticando uma estratégia de revisão, era capaz de me privar de receber minha coroa do campeonato mundial. Aquele era o doutor Gunther Karsten; ele não só ganhou o campeonato alemão oito vezes, como finalmente assegurou o título mundial em 2007. Ele também emprega o método da jornada e pratica a arte da revisão; até que ponto, eu talvez nunca saiba.*

CAPÍTULO 14

DAS CARTAS AOS NÚMEROS

Pouco depois de dominar a arte de memorização de cartas, quis saber se conseguiria transferir essa habilidade para a memorização de sequências longas de números. Nossas vidas são governadas por números: números de telefone, tabelas de horários de meios de transporte, pesos e medidas, estatísticas demográficas, resultados eleitorais, números de identificação pessoal, códigos de acesso e senhas numéricas, para citar só alguns. Mesmo se você não quiser experimentar os desafios numéricos que encontro durante as competições, tudo tem de ser quantificado, contado, calculado e garantido; assim, é importante que seja capaz de memorizar resultados numéricos!

Psicólogos determinaram que, em média, o cérebro humano consegue reter apenas de sete a nove unidades de dados em sua memória de curto prazo (operacional). Essa avaliação pode ser precisa, mas, sem dúvida, não é insuperável. Utilizando meus sistemas de memória, demonstrei que é possível memorizar muito mais do que nove dígitos (de fato, memorizei centenas!) de uma vez, desde que você tenha uma estratégia para fazer isso.

Algumas pessoas, predominantemente matemáticos, enxergam uma beleza real nos números. Lamento dizer que, durante o meu crescimento, não fui uma dessas pessoas iluminadas. Para mim, até eu começar a realizar feitos de memorização, as sequências numéricas pareciam ininteligíveis e instantaneamente esquecíveis. No entanto, agora, quando contemplo séries numéricas, elas parecem completamente diferentes para mim. Os números ganham vida, são animados, expressivos e, às vezes, até engraçados. Agora, os números têm personalidade própria. Por quê? Porque eu desenvolvi um jeito de convertê-los de sua forma normal, desinteressante e inexpressiva (ao menos para mim), em algo que meu cérebro consegue trabalhar.

O segredo da memorização de números é vincular importância a eles, convertendo-os em imagens codificadas. Isso se encontra no cerne de uma estratégia que chamo de minha "linguagem de números".

Contudo, há diversos sistemas mais simples utilizados pelas pessoas. Dessa maneira, quero começar os ensinando. Para sequências numéricas curtas, como a memorização de um número de identificação pessoal, esses sistemas são bastante úteis.

Número-formato

Você já observou o formato do número "2" e achou que se assemelhava a um cisne? Ou observou o "4" e viu a vela de um barco ou uma bandeira em um mastro? O sistema de número-formato funciona conforme o princípio de que podemos converter qualquer número em uma imagem, de acordo com sua forma única. Como experiência rápida, usando caneta e papel, anote a primeira imagem que vem à sua mente quando pensa na forma de cada número, de zero a nove. Escreva primeiro os números, se isso ajudá-lo. Compare suas ideias com as minhas, que aparecem no quadro da página a seguir (no entanto, lembre-se de que suas próprias associações sempre serão mais fortes para você). Incluí desenhos de algumas associações, para deixar mais claro o funcionamento do sistema.

Como só existem dez dígitos para converter em imagens, é um código muito simples de aprender. Assim que você conseguir enxergar um número como um objeto, poderá usar os códigos de objetos para memorizar sequências curtas de números, utilizando os objetos como elementos de uma história.

Por exemplo, considere o número 1.792, que era o número de degraus na Torre Eiffel quando foi inaugurada. Usando minhas associações de número-formato, você se imagina em Paris de noite, segurando uma vela (o número-formato para um). Carregando a vela, você se dirige para a Torre Eiffel. Na entrada, você repara em um homem cortando uma das estruturas de aço com um machado (o número-formato para sete). A inutilidade dessa atividade a torna ainda mais memorável. Você começa a subir pelos degraus da torre. Quando alcança o topo, alguém lhe entrega um balão com um barbante (o número-formato para nove). Dê uma cor ao balão, para torná-lo mais memorável; o meu é vermelho. Enquanto você contempla Paris, a lua cheia brilha no céu noturno e você vê a silhueta de um cisne – que lhe dá seu número-formato para dois – flutuando diante da lua.

Fixar sua história a um local que seja pertinente ao número que você está tentando lembrar é outro importante auxílio à memorização. Se precisar lembrar-se da senha de seu cartão de crédito ou de débito, uma rota curta perto de seu banco ou de sua casa para o banco seria perfeita.

0 = BOLA DE FUTEBOL, ANEL OU RODA

1 = LÁPIS, POSTE DE LUZ OU VELA

2 = CISNE OU COBRA

3 = LÁBIOS OU ALGEMAS

4 = VELA DE BARCO OU BANDEIRA

5 = COBRA OU CAVALO-MARINHO

6 = TACO DE GOLFE, TROMBA DE ELEFANTE OU MONÓCULO

7 = BUMERANGUE OU MACHADO

8 = BONECO DE NEVE OU AMPULHETA

9 = BALÃO COM BARBANTE OU LAÇO

Número-rima

Se o sistema de número-formato não lhe agrada, você pode tentar o sistema de número-rima. Dessa vez, a imagem que você forma para representar o número deve rimar com o som desse número. Assim, para "um" você pode ter "atum"; para "dois", "bois"; e assim por diante. Repito: crie as rimas que são mais naturais para você, mas imagino que elas serão bastante parecidas com as minhas:

0 (Zero) = Nero (o imperador romano), Lutero
1 (Um) = Atum, desjejum
2 (Dois) = Bois
3 (Três) = Chinês, ipês
4 (Quatro) = Teatro, retrato
5 (Cinco) = Zinco, brinco
6 (Seis) = Reis, leis
7 (Sete) = Canivete, Bete
8 (Oito) = Biscoito, afoito
9 (Nove) = Chove, inove

Digamos que você vai visitar uma amiga e está sem o seu carro. Sua amiga diz para você pegar o ônibus 839, que para bem em frente à casa dela. Como você usaria o sistema de número-rima para se lembrar do ônibus que deve pegar? Imagine o ônibus chegando ao ponto. Enquanto vai até ele, você come um biscoito (oito). A primeira pessoa que você vê no ônibus, sentada na primeira fila, parece um chinês (três). Quando você passa por ela, percebe que chove (nove) lá fora – talvez você sinta o cheiro da chuva, para tornar sua lembrança mais vívida. Se você revisar a cena algumas vezes, não vai se esquecer do ônibus em que deve embarcar.

Rápidos, fáceis e práticos para sequências curtas de números, os sistemas de número-formato e número-rima fazem parte de minhas memorizações cotidianas o tempo todo. Contudo, esses sistemas não são bastante desenvolvidos para me ajudar nos campeonatos mundiais de memória. Assim, tive de inventar o meu próprio sistema.

Memorizando o pi

Creighton Carvello, que me inspirou a memorizar cartas, tinha conseguido memorizar o pi (a área de uma circunferência dividida pelo quadrado de seu raio) até a casa decimal 20.013. O pi é um número infinito, que, tanto quanto sabemos, não se repete. Portanto, resulta em um indicador excelente da capacidade de memória de uma pessoa. Então, não vai surpreendê-lo saber que o pi foi o próximo desafio que impus a mim mesmo.

Ao longo dos anos, minhas experiências com técnicas de memorização me ensinaram diversas coisas a respeito da melhor maneira de fixar informações. Uma delas foi que as letras são mais fáceis de se converterem em códigos aproveitáveis do que os números.

Nos primeiros dias de minhas experiências, comecei a codificar números exatamente da mesma maneira que tinha codificado cartas de baralho: convertendo-os em letras e, em seguida, em imagens. Desenvolvi um sistema de memorização de grupos de cinco números, cada um conforme uma imagem única. E como isso funciona para a memorização das casas decimais do pi? As primeiras trinta casas decimais do pi são as seguintes:

[3,] 141592653589793238462643383279

Quando estudei os quinze primeiros dígitos, decidi dar a cada número uma letra específica, e utilizar as letras para formar uma palavra, ou palavras, que poderia utilizar em uma história. Para melhorar minhas chances de criar uma sequência aproveitável de letras, escrevi o alfabeto até a letra U e atribuí a cada número dois códigos de letra possíveis, usando de um a nove duas vezes e, depois, dando ao zero as opções das letras S, T e U. Ficou assim:

A	B	C	D	E	F	G	H	I
1	2	3	4	5	6	7	8	9

J	K	L	M	N	O	P	Q
1	2	3	4	5	6	7	8

R	S	T	U
9	0	0	0

Assim, 1 = A, a primeira letra do alfabeto, mas J, a décima letra do alfabeto, também é igual a 1; 2 = B ou K; e assim por diante. Utilizando esses códigos número-letra, "14159" se tornou ADANI, "26535" convertido se tornou KFECE e "89793", HIGIC. Se uma palavra específica não fizesse sentido, então a decomporia em sílabas menores e, portanto, em mais imagens.

Para ADANI e KFECE, imaginei minha amiga chamada Daniela ("A Dani") tomando um café (K + FÉ) no Ceará (CE); e HIGIC virou "higiene canina", então imaginei um cachorro no *pet shop*. Até aqui tudo ia bem, até eu considerar os próximos quinze dígitos completos com seus códigos.

23846	26433	83279
BLQDO	BOMCC	QCBPI

Esses conjuntos de letras exigiram muito pensamento criativo para que eu conseguisse criar algum tipo de imagem. Assim, BLQDO tornou-se um bloco de madeira (BLQ) equilibrado sobre minha cabeça (DO = Dominic); BOMCC tornou-se uma bomba (BOM) sobre uma motocicleta (CC, como na potência do motor de uma moto); e QCBPI tornou-se um advogado que representa clientes nas cortes superiores (QC – *Queen's Counsel*) entregando uma placa da BP (British Petroleum) para um homem indiano (I). (As imagens foram difíceis de criar, mas foram as melhores que consegui pensar naquele momento.)

Para me lembrar dos números em sequência, criei uma jornada ampliada, partindo de minha casa, passando pelo vilarejo, pela igreja e seu cemitério, subindo uma colina e alcançando a cidade. Vinculei as imagens de cada conjunto de cinco números a um estágio da jornada, até (com alguma persistência) estabelecer uma rota de 820 estágios, em uma jornada contínua, com cada estágio representando cinco números do pi. Como resultado, era capaz de anunciar o pi com 4,1 mil casas decimais.

Ainda estava longe do recorde de Carvello, mas pude perceber que, se eu perseverasse, o feito dele estaria ao meu alcance. No entanto, como tarefa, a conversão e a memorização do pi se mostraram tão árduas que decidi abandonar o projeto e, em vez disso, trabalhei no refinamento do próprio sistema de números.

Criando uma linguagem para os números

Queria um sistema que me permitisse olhar para os números e formar imagens quase instantaneamente, como se estivesse lendo frases de um livro.

A abordagem de criação de imagens havia funcionado com cartas de baralho. Por que não funcionaria também com números? Então, dei-me conta de que minhas memorizações de números tinham dado errado até ali. Grupos de cinco números eram muito complicados. Em vez disso, eu deveria agrupar os números apenas em pares. Como se constatou mais tarde, por mais frustrante que tenha sido o aprendizado de alguns milhares de casas decimais do pi, eu pavimentei o caminho para um sistema que, com o tempo, ajudou-me a assegurar oito títulos no Campeonato Mundial de Memória. Eu o chamei de Sistema Dominic.

NO INTERIOR DE MINHA MENTE: CONSIDERANDO OS ASPECTOS POSITIVOS

Depois de refletir, é tentador achar que meu flerte com o pi foi uma perda de tempo completa. No entanto, embora eu tenha perdido duas semanas memorizando todos aqueles números, ganhei muito com a experiência. Percebi que, realmente, não havia limite para o que e o quanto eu poderia lembrar, desde que conseguisse achar lugares suficientes no mundo para utilizar como espaço de armazenamento mental. Também aprendi que a velocidade com a qual conseguiria memorizar aqueles números dependia da eficiência do sistema usado por mim e do quanto eu o praticava.

CAPÍTULO 15

O SISTEMA DOMINIC

O Sistema Dominic atribui uma letra específica a cada número, de zero a nove, e, em seguida, agrupa os números-letras em uma sequência, em pares. O sistema é um aprimoramento da primeira técnica que criei (para memorizar o pi), pois simplifica os códigos: há só um código de letra possível por número. Assim:

1 = A   6 = S
2 = B   7 = G
3 = C   8 = H
4 = D   9 = N
5 = E   0 = O

Os números de um a cinco correspondem às letras de A a E: as cinco primeiras letras do alfabeto. Originalmente, decidi dar a todos os números suas letras correspondentes do alfabeto; isso pareceu a abordagem mais lógica. No entanto, na realidade, não era a fórmula mais natural para mim. Desse modo, segui minha intuição.

Codifiquei o número seis como a letra S, por causa de seu som. Ao número sete atribuí a letra G, por causa da configuração G7, referente aos ministros da economia dos países mais desenvolvidos do mundo. O número oito corresponde à letra H por causa do horário de entrar no trabalho, e o número nove corresponde à letra N. O número zero codifiquei como a letra O, por causa de sua forma.

Utilizando meus novos códigos e seguindo minha constatação de que pares de letras eram mais utilizáveis do que cadeias de letras mais longas, as primeiras 24 casas decimais do pi agora ficaram assim:

14	15	92	65	35	89
AD	AE	NB	SE	CE	HN

79	32	38	46	26	43
GN	CB	CH	DS	BS	DC

A partir de minhas experiências de memorização de cartas de baralho, sei que pessoas (em comparação com objetos) me ofereciam as imagens mais confiáveis para trabalhar. Assim, os pares de letras me deram gatilhos para os nomes: às vezes, as letras representavam iniciais; outras, recordavam-me abreviações de nomes completos de pessoas. Em ambos os casos, eu conseguia facilmente converter cada par de números em uma única pessoa.

As pessoas que escolhi para representar cada correspondência tinham importância específica para mim: às vezes, porque eu as conhecia; outras, porque eram famosas (ou mal-afamadas!). Ao examinar os pares, certos nomes me ocorreram em um instante.

Por exemplo, eu conhecia um homem em meu clube de golfe chamado Addie: AD (14) me fez pensar nele imediatamente. NB (92) me fez pensar em uma pessoa que conheço chamada Nobby. Pensei em minha cunhada Henny quando vi HN (89). Obtive Gene para GN (79), Desmond para DS (46) e Dick para DC (43).

Para o resto dos números, tive de usar iniciais: AE (15) me deu Albert Einstein; SE (65) tornou-se a cantora Sheena Easton; e CE (35) são as iniciais do ator Clint Eastwood.

Pense em um número, qualquer número

Há cem combinações de pares de números (00, 01, 02... chegando até 97, 98, 99). Para ser capaz de aplicar o Sistema Dominic rapidamente em qualquer sequência de números, precisava ter códigos de pessoas confiáveis para cada par. Isso significava que precisava dedicar algum tempo para planejar uma lista de cem personagens; um para cada par possível. Utilizarei meus próprios exemplos neste livro, mas, para sentir confiança em suas memorizações, você pode precisar escrever uma lista de seus próprios códigos de número-pessoa.

Objetos, feições e ações

Descobri que minhas memorizações se fixam melhor quando cada personagem designado também possui um objeto, uma feição ou uma ação. Isso ajuda a consolidar o personagem em minha mente. Por exemplo, imagino Addie (AD/14) usando o taco de golfe; minha cunhada Henny (HN/89) é artista plástica e, assim, imagino-a segurando um pincel; e a cantora Sheena Easton (SE/65) canta ao microfone.

Juntando tudo

Depois de você se familiarizar com seu elenco de personagens e se tornar hábil em converter pares de números nesses personagens, você pode utilizar o método da jornada para memorizar sequências numéricas longas.

Utilizando a planta de uma casa, eis como você pode começar a memorizar as casas decimais do pi. A seguir, comecei com as dez primeiras casas decimais, mas a quantidade de casas que você consegue memorizar limita-se somente à extensão de sua jornada. Se, como eu, você for capaz de juntar diversas jornadas (frequentemente, utilizo jornadas de cinquenta estágios, de forma similar à maneira como memorizo cartas), então poderá facilmente memorizar milhares de casas decimais (lembre-se de que cada parada "contém" os códigos para dois números, na sequência). Funciona do seguinte modo:

ESTÁGIO 1 – **Porta da frente**   AD   14
ESTÁGIO 2 – **Cozinha**   AE   15
ESTÁGIO 3 – **Área de serviço**   NB   92
ESTÁGIO 4 – **Sala de estar**   SE   65
ESTÁGIO 5 – **Escada**   CE   35

Na porta da frente de minha casa, imagino Addie (AD/14) parado na soleira dando uma tacada com seu taco de golfe. Contorno Addie, tentando evitar sua tacada, e entro na cozinha, onde vejo Albert Einstein (AE/15) rabiscando uma fórmula matemática em meu quadro de avisos. Na área de serviço, encontro Nobby (NB/92): ele dedilha um violão, mas está ficando nervoso porque há outra música vindo da sala de estar. Entro ali e vejo Sheena Easton (SE/65) cantando no microfone. Deixo a sala de estar e me encaminho para a escada, mas, no degrau inferior, encontro Clint Eastwood, mastigando um charuto e dizendo: "Vá em frente. Faça valer o meu dia!".[1]

Se eu percorrer essas cenas apenas mais uma vez, sei que memorizei as dez primeiras casas decimais do pi. Além disso, consigo repetir o número de trás para a frente e vice-versa, simplesmente invertendo a jornada por minha casa e as iniciais da pessoa em cada estágio. (Observe que, para essa sequência curta, provavelmente não é necessário aplicar a regra de cinco; veja pp. 92-97.)

Agora que você sabe como o Sistema Dominic funciona, pratique o exercício das páginas a seguir.

---

[1] No original, "Go ahead. Make my day!" – célebre frase pronunciada por Harry Callahan, personagem de Clint Eastwood, no filme *Impacto fulminante,* de 1983. (N. T.)

EXERCÍCIO 7: vinte números

Neste exercício, a criação dos personagens e da jornada de dez estágios cabe a você. Você tem cinco minutos para a memorização (passo 4). Utilize as perguntas do passo 5 para testar a eficácia de seus personagens.

1. Em uma folha, escreva os números de 0 a 9. Ao lado de cada número, especifique uma letra que constitui um código lógico para você.

2. Agora, observe essa sequência de vinte números:

    5 6 6 4 9 2 8 8 2 7 5 3 1 2 2 0 1 5 3 5

    Sem alterar a ordem dos números, separe-os em pares e, depois, escreva cada par do lado esquerdo da folha.

3. Ao lado de cada par de números, faça uma nova coluna com códigos de letras correspondentes. Na terceira coluna, atribua a cada par de códigos de letras o seu personagem (utilizando as letras como iniciais ou porque elas o recordam de um nome específico). Em uma última coluna, anote a ação, a feição ou o objeto de cada personagem.

4. Em sua imaginação, percorra sua jornada com dez paradas. Na primeira parada, imagine o primeiro personagem de sua lista. Também não se esqueça de usar o objeto, a feição ou a ação dele, e adicione detalhes sensoriais e emoções. Continue a rodar o filminho em sua mente, até passar por todas as paradas e imaginar todos os

personagens. Ao terminar, faça uma única revisão dos personagens da jornada por meio da memória, sem recorrer à lista de personagens.

5. Agora, veja quantas das perguntas a seguir você é capaz de responder (quanto mais conseguir, mais eficiente foram os seus códigos). Anote suas respostas em uma folha e, em seguida, consulte a sequência original para ver se você conseguiu acertar todas.

- Qual é o sétimo número da sequência?
- Quais são os dois números que vêm depois de 2 7?
- Quais são os seis primeiros números?
- Quais são os quatro últimos números?
- Quantos números existem antes do primeiro número 3?
- Quais os dois números que vêm antes da sequência 1 5?
- Qual é o décimo terceiro número da sequência?
- Quais são o décimo primeiro, o décimo sétimo e o décimo nono números da sequência?
- Você consegue escrever cada terceiro número da sequência?
- Você consegue escrever toda a sequência ao contrário? (não se preocupe se não conseguir; afinal, é sua primeira tentativa!)

Se você não conseguiu responder corretamente a todas as perguntas, não se preocupe. Tente a jornada de novo, mas procure memorizar somente os dez primeiros números, na sequência. Teste-se escrevendo a sequência em uma folha. Depois de conseguir se lembrar dos dez primeiros números corretamente, tente memorizar todos os vinte de novo, testando-se com as perguntas.

CAPÍTULO 16

PARES DUPLOS E IMAGENS COMPLEXAS

No último exercício, você converteu dez pares de números em personagens. Como mencionei na página 111, para utilizar o Sistema Dominic rapidamente, o melhor é ter convertido todos os cem pares possíveis; não nego que isso representa um grau de empenho significativo. Estudar todo o elenco de cem personagens e suas ações, feições e objetos associados, de modo que você conecte um par de números com um personagem quase instantaneamente, é como se tornar fluente em uma nova língua, portanto é muito demorado. No entanto, após você aprender essa nova linguagem, ela não só poderá ser posta em prática no dia a dia, como também o próprio processo de aprendizado exercitará seu cérebro, melhorando seus níveis de concentração e aguçando sua memória.

Há dez modalidades no Campeonato Mundial de Memória. De diversas maneiras, elas envolvem memorização de números, dígitos binários, cartas de baralho, nomes e rostos, datas, palavras e imagens (veja o quadro a seguir para uma lista completa). Uma das competições mais duras é a prova de número falado. Nela, os concorrentes precisam memorizar a maior quantidade possível de números em uma hora, os quais, depois, eles devem lembrar na sequência correta. Em minha primeira participação no campeonato, utilizei o método que acabei de lhe ensinar: colocar uma pessoa (dois números) em cada estágio de minha jornada. O sistema me permitiu memorizar mil números em uma hora, e o utilizei para vencer os primeiros campeonatos. No entanto, à medida que mais pessoas se dedicavam ao esporte da memória, não só o número de concorrentes aumentou ano após ano, mas também sua qualidade cresceu. Percebi que precisaria melhorar a eficiência do Sistema Dominic se quisesse manter minha vantagem sobre a concorrência.

NO INTERIOR DE MINHA MENTE: PROVAS DO CAMPEONATO

O Campeonato Mundial de Memória, que surgiu em 1991, foi fruto da imaginação de Tony Buzan (criador do Mind Maps®) e de Raymond Keene, detentor da Ordem do Império Britânico (OBE) e grande mestre de xadrez. Eles acreditavam que as pessoas precisavam exercitar suas mentes exatamente da mesma maneira que exercitavam seus corpos. E, da mesma forma que competimos internacionalmente em esportes físicos, que melhor maneira de promovermos esse propósito do que ter uma competição internacional que coloca os maiores atletas mentais do mundo uns contra os outros? Envolvi-me com o campeonato desde o início, ao mesmo tempo como competidor e organizador. Nessa última função, ajudei a aprimorar as dez provas que constituem a competição, de modo que fossem justas para todos os concorrentes. As provas do campeonato incluem:

PARES DUPLOS E IMAGENS COMPLEXAS 119

> *Imagens abstratas • Números binários • Números memorizados em uma hora • Nomes e rostos • Números memorizados rapidamente • Datas históricas e futuras • Cartas memorizadas em uma hora • Palavras aleatórias • Números falados • Cartas memorizadas rapidamente*
>
> *Gosto de todas as modalidades, mas minha preferida é a prova de cartas memorizadas em uma hora, pois é um teste real de perseverança: realmente, memorizar 24 baralhos em uma hora testa a capacidade de uma pessoa. Provavelmente, a rodada do número falado é a mais exaustiva, com sua "morte súbita". Embora possa tentar lembrar-me de trezentos números à velocidade de um por segundo, se a pressa me faz esquecer, digamos, o terceiro número, minha pontuação é de apenas dois; o que torna essa prova um teste para os meus nervos, minha concentração e minha capacidade de blindar a mente contra distrações.*

Então, como eu poderia fazer isso? Sem dúvida, tinha de incluir mais números em cada estágio da jornada. Se conseguisse, de algum modo, dobrar a quantidade de números em cada estágio, também dobraria potencialmente a quantidade de números únicos que conseguiria memorizar em uma hora. O formidável era que tinha a solução desse problema já incorporada no sistema que estava usando.

Lembra-se de como cada personagem possui uma ação, uma feição ou um objeto para lhe dar alguma personalidade? Dei-me conta de que, se eu codificasse o primeiro par de números na sequência como um personagem e o segundo par como só um objeto, uma feição ou uma ação, poderia combinar o personagem do primeiro par com o objeto, a feição ou a ação do segundo par, e, então, colocar essa combinação no primeiro estágio da jornada. Em seguida, o terceiro par (o quinto e o sexto números) seria codificado de novo como um personagem e o quarto par (o sétimo e o oitavo números), como um objeto, e essa combinação seria colocada no segundo estágio da jornada; e assim por diante. O resultado era que assim eu teria ligado cada estágio da jornada com quatro números da sequência.

Por exemplo, se eu quisesse memorizar a sequência 15562053, precisaria utilizar somente dois estágios em minha jornada. O primeiro par de números (15) me dá AE, ou Albert Einstein. O segundo par me dá ES, ou Edward Mãos de Tesoura (*Edward Scissorhands*). Assim, para memorizar os quatro primeiros números dessa sequência, na primeira parada de minha jornada, imagino Albert Einstein cortando o cabelo; o corte é a ação de Edward Mãos de Tesoura. O próprio Edward não aparece; em vez disso, Albert Einstein torna-se o substituto da ação, que, no sistema original, incorporou-o à minha mente. O terceiro par de números (20) me dá BO, que, para mim, é Barack Obama (esse é um personagem que atualizei recentemente). O par final (53) torna-se EC, ou Eric Clapton, cuja ação é tocar guitarra. Assim, para memorizar esses quatro números, imagino Barack Obama tocando guitarra e coloco essa imagem no segundo estágio de minha jornada. (A título de curiosidade, se você invertesse os dois pares de números, resultando em 5320, você teria Eric Clapton agitando uma bandeira norte-americana. Evidentemente, o sistema funciona com qualquer permutação de números.)

Esses personagens, unidos a seus objetos, feições ou ações substitutos são o que denomino imagens complexas. Efetivamente, são peças intercambiáveis de um quebra-cabeça mental, que podem ser misturadas e combinadas de 10 mil maneiras distintas, permitindo-me memorizar grandes sequências de números no menor tempo possível.

Acredito que o esforço que investi para planejar esse sistema me manteve à frente do resto dos concorrentes nos primeiros dias; não acredito que algum de meus rivais iniciais tivesse descoberto um sistema que o capacitava a memorizar quatro números ao mesmo tempo de maneira tão eficiente. Atualmente, porém, a história é bem diferente: os concorrentes estão ficando cada vez mais competentes na memorização de números, o que significa que estou sempre procurando aperfeiçoar meu sistema. No mínimo, isso me mantém sempre ocupado!

CAPÍTULO 17

TORNANDO-ME UM ÁS DAS CARTAS: DIVERSOS BARALHOS

Meu trabalho com números, especificamente criando imagens complexas (veja pp. 117-121), mostrou o caminho para eu aprimorar ainda mais minhas habilidades relativas à memorização de cartas. Quando comecei a fazer isso, estava tentando bater o recorde de Creighton Carvello para um único baralho. Como mencionei anteriormente, logo percebi que tinha ao meu alcance a capacidade de memorizar diversos baralhos. Depois, percebi que poderia tornar esse objetivo mais realista se conseguisse converter o método que estava usando para memorizar longas sequências de números em uma abordagem ou estratégia que pudesse utilizar para diversos baralhos.

Você já sabe os conceitos básicos de memorização das cartas de baralho (veja pp. 53-75). Sempre estimulo as pessoas a aprender uma nova habilidade fazendo uma coisa de cada vez, para prevenir falhas. Desse modo, sugiro que você esteja realmente seguro em relação à colocação de uma carta na parada de uma jornada e à utilização do Sistema Dominic antes de experimentar a técnica deste capítulo. Para tornar essa nova variação mais fácil assim que você começar, eu a decompus em pequenos passos, para que você tenha uma série de sucessos, em vez de tentar fazer muito em pouco tempo e ficar frustrado. Para começar, quero que experimente com poucas cartas, apenas para convencê-lo de que o princípio funciona. Se você for bem-sucedido com um número reduzido de cartas, isso lhe dará o incentivo e a confiança para usá-lo, para tentar memorizar mais cartas e, então, com o tempo, para memorizar um baralho completo e talvez até mais de um baralho.

Primeiros passos
Você precisará de um baralho. A primeira coisa que deve fazer é tirar as cartas de figuras (valetes, rainhas e reis) do monte e, em seguida, organizar as demais de acordo com o naipe (paus, ouros, copas e espadas).

Agora é hora de pôr em ação alguns princípios que você já aprendeu. No início do livro, disse que associo cada carta do baralho a um personagem e que alguns personagens chegam a mim em um instante. Bem, uma maneira lógica pela qual atribuo personagens é assegurar que o naipe em si, interligado com o valor da carta específica, forneça uma conexão clara e lógica com o personagem. Tente isso. Talvez a rainha de ouros seja a rainha Elizabeth II, da Inglaterra; a rainha de copas, sua esposa ou namorada, ou o rei de copas, seu marido ou namorado. Em outras palavras, o naipe de ouros pode oferecer personagens ricos, enquanto o naipe de copas, por ter um coração como símbolo, pode representar as pessoas que você ama ou admira.

Depois de determinar seus personagens, você precisa integrar um dos elementos do Sistema Dominic. Todos os seus personagens precisam de objetos, feições ou ações. Por exemplo, se Bill

Gates é seu rei de ouros, imagine-o contando maços de dinheiro ou sentado junto ao computador verificando seu último extrato bancário. O objeto, a feição ou a ação são elementos que animam seus personagens. No devido tempo, eles também o ajudarão a memorizar listas mais longas de cartas, porque você consegue converter cada carta em uma imagem complexa, exatamente como faço em relação a longas sequências de números.

À sua frente, posicione a pilha de cartas de figuras viradas para baixo. Uma a uma, desvire-as. Cada vez que você virar uma nova carta, observe-a, faça uma associação com um personagem, dê uma ação ao personagem e vire a próxima carta. Repita o procedimento até todas as cartas de figuras terem um personagem e uma ação. Em seguida, revise suas escolhas, alterando-as quando necessário, até que você esteja satisfeito com as associações e que elas estejam firmemente incorporadas à sua memória.

Após a lista de personagens de suas cartas de figuras chegar-lhe naturalmente, você estará pronto para embaralhá-las (ainda mantendo-as separadas do resto do baralho) e, depois, memorizá-las na nova ordem aleatória. Você precisará de uma jornada com doze estágios para isso. Utilize uma das que estão em seu banco de jornadas ou invente uma nova. Como disse anteriormente, tenho jornadas que conservo para a memorização de cartas e números (enquanto outras funcionam melhor para nomes, rostos e palavras; veja pp. 89-90).

Percorra sua rota duas vezes para se familiarizar com as paradas. À sua frente, posicione a pilha de cartas de figuras embaralhadas e viradas para baixo. Desvire a primeira carta. Com bom preparo, você deverá reconhecê-la imediatamente como o personagem que atribuiu a ela, e tudo o que você precisa fazer é colocar esse personagem, incluindo seu objeto, sua feição ou sua ação, na primeira parada, em sua jornada.

Digamos que a primeira carta que você virou é o rei de copas e que você escolheu o seu pai como personagem daquela carta, e digamos que ele é um bom tenista (o que lhe dá a ação). Se o primeiro estágio da jornada é o portão da sua casa, você imagina seu pai junto ao portão treinando saques; talvez ele esteja sacando na direção da rua, e você se sobressalta quando ele por pouco não acerta os carros! Se a próxima carta é a rainha de ouros, e você escolheu a rainha Elizabeth II como personagem dela (com a ação de conceder o título de cavaleiro para alguém), você a coloca na segunda parada de sua jornada (talvez na porta da frente). Ela está gesticulando para você se ajoelhar quando ficar diante dela, de modo que ela possa nomeá-lo cavaleiro e conceder-lhe o título de *Sir*.

Não tenha pressa de percorrer sua jornada e colocar as doze cartas de figuras nas doze paradas. O objetivo é acostumar sua mente ao processo de conversão, embora também deva dar liberdade de ação à sua imaginação para trazer essas cartas à vida. Seu cérebro está tendo de realizar diversas coisas ao mesmo tempo: ver uma carta, convertê-la em um personagem, colocar o personagem na jornada e memorizá-la. Lembre-se de utilizar a emoção e todos os seus sentidos, e tente fazer as conexões lógicas, de modo que não peça ao seu cérebro para trabalhar mais que o necessário. Volte a percorrer toda a pilha de doze cartas, se quiser, e, então, depois que achar que as memorizou, revise-as em sua mente sem olhar para elas. Em seguida, novamente sem olhar, escreva a sequência de cartas.

Como você se saiu? Não seja severo demais consigo se cometeu alguns erros, mas procure solucionar aquilo que deu errado. Se algumas associações não foram fortes o bastante, talvez seja melhor substituir alguns personagens ou ações dessas cartas. Lembre-se: a prática leva à perfeição; então, embaralhe as cartas e repita todo o exercício até não cometer mais erros.

Estendendo a memorização

Assim que você dominar as doze cartas de figuras, é hora de o *show* começar. Agora, você pode avançar para a memorização de um baralho completo de 52 cartas. Em primeiro lugar, você precisa preparar o terreno. Da mesma forma que atribuiu um personagem a cada uma das cartas de figuras, você precisa alocar um personagem e um objeto, uma feição ou uma ação às quarenta cartas restantes do baralho. Parece trabalhoso, mas uma vez feito, e com o uso de sua lista de personagens para memorização das cartas quando viradas, você terá uma das melhores ferramentas para sua memória na ponta dos dedos.

Codificando suas cartas

Se você conseguiu codificar as cem permutações de dígitos para o Sistema Dominic (veja p. 111), codificar as quarenta cartas restantes parecerá brincadeira de criança. Comece selecionando as cartas que, de alguma forma, trazem alguém à sua lembrança. Talvez o ás de espadas seja seu chefe ou um professor que você admirou. Gosto de usar James Bond para o 7 de ouros – ele é o agente número 007 e foi protagonista do filme *007 contra o homem com a pistola de ouro*. Depois de passar pelas quarenta cartas que faltavam, localizando aquelas com importância específica em relação ao personagem, você poderá codificar o restante usando uma adaptação mínima do Sistema Dominic.

O Sistema Dominic para cartas de baralho

Em vez de codificar pares de números em pares de letras, que depois convertem-se em nomes, você pode utilizar o Sistema Dominic para converter o valor da carta em uma letra e, em seguida, utilizar a letra inicial do naipe para fornecer a segunda letra. Por exemplo, o 2 de paus torna-se B (2) P, e o 8 de copas vira HC. A menos que você tenha realizado associações específicas, alheias ao Sistema Dominic, o ás de qualquer naipe vira A e o 10 de qualquer naipe vira O. Percorra as cartas restantes do baralho, elaborando os pares de letras. Em uma folha, faça uma lista (da mesma forma que você fez para os números), escrevendo os pares de letras na coluna do lado esquerdo. Na próxima coluna, escreva o nome do personagem de cada carta. Para mim, BP converte-se em Brad Pitt, enquanto HC torna-se Hillary Clinton, por exemplo. Naturalmente, você nem sempre precisa usar pessoas famosas; se conhecer uma mulher chamada Helena Costa, também funcionará. Na coluna seguinte, dê a cada personagem uma ação, uma feição ou um objeto, da mesma forma que fez na página 114.

Aprendendo seus códigos

A tentação depois de ter dedicado muito tempo elaborando seus personagens é começar a decorá-los imediatamente. No entanto, você precisa fixar os códigos que criou. Assim, sugiro que adote um processo de aprendizado lento e cuidadoso, que lhe permita incorporar os códigos de modo firme à sua mente. Tenha por meta decorar dez cartas e seus personagens e ações diariamente, durante quatro dias (você já conhece as doze cartas de figuras). No quinto dia, revise o lote – de memória, se conseguir –, simplesmente virando as cartas, uma de cada vez, e dizendo para si o nome e o objeto, a feição ou a ação daquele personagem. Também inclua as cartas de figuras em seu processo de revisão.

Se você preferir, pode adotar uma abordagem mais formalizada e revisar de acordo com os princípios da regra de cinco. Diariamente, decore dez novos personagens, mas também todos os dias faça uma revisão desses personagens e daqueles que você decorou nos dias anteriores (de novo, incluindo as cartas de figuras). Dessa maneira, quando você chegar à sua revisão completa, no quinto dia, todos os personagens deverão abrir caminho para sua memória de longo prazo. Se você puder fazer mais revisões do que essas (talvez de manhã e à tarde, diariamente), melhor ainda. Assim que se sentir confiante de que conhece suas cartas muito bem, estará pronto para realizar o exercício a seguir. Pratique-o e ganhe segurança com ele, antes de partir para o sistema avançado de memorização de cartas descrito no próximo tópico.

EXERCÍCIO 8: um baralho

É muito importante para sua autoconfiança ter uma série de pequenos sucessos, que constroem um grande sucesso. Assim, neste exercício, você vai utilizar o sistema básico para memorizar meio baralho de cartas. Só depois de se sentir seguro você deverá tentar com o baralho completo.

1. Escolha uma jornada que tenha 26 estágios com os quais você esteja completamente familiarizado; assim você não precisará se esforçar para se lembrar dos estágios quando estiver tentando memorizar as cartas. Depois que sua rota estiver estabelecida, separe 26 das 52 cartas (metade do baralho) e as embaralhe; em seguida, coloque-as viradas para baixo, à sua frente. Vire a carta superior e a coloque ao lado da pilha. Associe o personagem e o objeto, a feição ou a ação dessa carta com a primeira parada de sua jornada. Em seguida, vire a próxima carta e a associe ao segundo estágio. Continue virando e associando mentalmente as cartas, até revelar todas as cartas da pilha.
2. Faça uma revisão mental da jornada. O sistema deve permitir boa retenção, de modo que você não precise revisar antes de ter memorizado todas as 26 cartas. Ao revisar, não recorra às cartas em si: simplesmente percorra sua jornada, lembrando-se de cada carta. Então, para sua lembrança "oficial", escreva cada carta, na sequência, em uma folha. Remeta ao baralho de 26 cartas para avaliar seu desempenho. Uma pontuação de 10 a 16 cartas, em ordem, é muito boa; 17 ou mais é excelente. Assim que conseguir memorizar todas as 26 cartas com segurança, tente o passo 3.
3. Agora, repita a memorização dos passos 1 e 2, mas para o baralho completo (para isso, você precisará de uma rota com 52 estágios). Depois que você se sentir seguro, pode tentar o sistema avançado (veja o tópico a seguir).

Memorização avançada de cartas

Para memorizar quatro números de uma vez, você utilizou imagens complexas, combinando um personagem com o objeto, a feição ou a ação de outro (veja pp. 117-121). Você pode usar o mesmo princípio para a memorização de cartas. Então, você precisa apenas de uma jornada com 26 estágios para memorizar um baralho completo, o que significa que você pode utilizar sua jornada com 52 estágios para dois baralhos. Eis como funciona.

Imagine que as duas primeiras cartas que você virou foram o 6 de copas (SC) e o 8 de paus (HP). Digamos que seu personagem para SC seja Simon Cowell e a ação dele seja pressionar a campainha para registrar seu desagrado com o desempenho de um candidato em um programa de tevê que busca novos talentos e no qual ele atua como jurado. Em relação ao personagem para HP, você escolhe Harry Potter, famoso bruxo protagonista da série de livros escrita pela autora britânica J. K. Rowling, cuja ação (naturalmente) envolve magia. No primeiro estágio da jornada, em vez de simplesmente colocar Simon Cowell em sua ação (que representaria uma carta), você coloca-o em uma situação mágica, combinando, dessa maneira, duas cartas em um estágio. Por exemplo, digamos que o primeiro estágio de sua jornada seja em sua porta da frente. Você pode imaginar Simon Cowell tentando abrir a porta com um feitiço. Se você organizar em pares as cartas restantes do baralho da mesma maneira e colocar cada par em um estágio de sua jornada, você só precisará de 26 estágios para memorizar todas as 52 cartas.

Praticando jogos de cartas

Depois que desenvolvi meu sistema avançado e me tornei proficiente nele, sendo capaz de memorizar diversos baralhos com relativa facilidade, não apenas consegui vencer competições de memória e impressionar plateias como também me tornei um ás das cartas. Por um tempo, ganhei a vida jogando vinte e um (*blackjack*) em cassinos; usava minha poderosa memória para obter vantagem nos jogos, apostava de maneira apropriada e ganhava um bom dinheiro. Previsivelmente, com o tempo, fui banido dos cassinos de ambos os lados do Atlântico.

Claro que nem todos vão querer aprimorar suas habilidades de memorização de cartas para se tornar jogadores profissionais de vinte e um, mas o sistema é aplicável a jogos domésticos, como uíste ou *bridge*. No uíste, por exemplo, quatro jogadores recebem treze cartas cada um de um baralho embaralhado. O objetivo do jogo é ganhar vazas: o naipe que prevalece sobre os outros em uma rodada ganha a vaza; ou, se nenhum jogador tiver um naipe prevalecente, a maior carta do naipe coringa ganha a vaza. Digamos que você queira memorizar a típica rodada de cartas a seguir, disputada em um jogo de quatro pessoas. Os quatro jogadores (coluna 1) baixam as cartas a seguir (coluna 2). A terceira e a quarta colunas representam meus códigos de personagens para essas cartas.

JOGADOR 1	3 de paus	CC	Charlie Chaplin
JOGADOR 2	4 de paus	DC	David Copperfield
JOGADOR 3	8 de paus	HC	Hillary Clinton
JOGADOR 4	Ás de paus	AC	Al Capone

Há diversas maneiras de abordar a maneira pela qual você memoriza a rodada, dependendo do nível de ajuda que você acha necessário.

Em primeiro lugar, se você só quiser saber se essas cartas saíram do baralho, tente imaginar-se jogando um balde de água sobre cada um dos personagens associados às cartas. Imagine a reação de cada pessoa quando recebe um bom banho: a cara triste de Charlie Chaplin; a expressão ressentida de David Copperfield; Hillary Clinton chocada e consternada; e Al Capone lançando um olhar furioso e ameaçador! Depois que você "viu" essas ações em sua mente, você será capaz de elaborar se uma certa carta ainda está em jogo ou não, simplesmente lembrando se o personagem já foi encharcado ou não.

Um método mais preciso envolve o uso de uma rota preparada com 26 estágios para memorizar a sequência enquanto as cartas são jogadas. Utilizando o sistema de imagens complexas para memorizar duas cartas de uma vez (uma como personagem e a outra como objeto, feição ou ação), no primeiro estágio da jornada, imagino Charles Chaplin tirando um coelho da cartola (Chaplin está usando a ação do mágico David Copperfield). No segundo estágio, imagino Hillary Clinton disparando uma rajada de balas com uma metralhadora (ação de Al Capone). Depois que a segunda rodada é jogada, coloco aquele conjunto de quatro cartas nos próximos dois estágios de minha jornada, e assim por diante, até que todas as cartas tenham sido jogadas.

Finalmente, se você realmente sentir confiança no sistema, poderá alocar uma jornada para cada jogador e memorizar que cartas foram jogadas por cada pessoa. Você precisa de quatro rotas de treze estágios. A rota do jogador 1, à sua esquerda, pode ser em um parque; a rota do jogador 2 pode ser em um shopping center; e assim por diante. Quando o jogador 1 baixa o 3 de paus, você imagina Charles Chaplin no, digamos, portão do parque (o primeiro estágio); quando o jogador 2 baixa o 4 de paus, você imagina David Copperfield fazendo uma mágica na entrada do shopping center; e assim por diante.

CAPÍTULO 18

GANHANDO VELOCIDADE

O principal aspecto a respeito de memorizar cartas e conseguir uma habilidade prática para usar em jogos de cartas e em cassinos é que você precisa ser rápido. De minha parte, não é possível ensinar velocidade para você – quanto mais você pratica, mais rápido fica –, mas posso introduzi-lo ao segredo de como torno minhas memorizações tão rápidas e eficientes quanto possível.

Para mim, a maneira mais simples de ilustrar como otimizo o tempo que gasto é descrever exatamente como estou pensando e no que estou pensando quando memorizo as seis primeiras cartas de um baralho embaralhado.

Em primeiro lugar, minha jornada: em minha imaginação, estou em uma agência de viagens, em Guildford, no condado de Surrey. Não há ninguém no recinto, mas tenho consciência de meus arredores: há anúncios de viagens de férias pregados nas paredes e o ruído da rua do lado de fora.

No mundo real, tiro duas cartas em rápida sucessão: o ás de ouros e o 7 de paus. Imediatamente, tenho uma vaga imagem do ator John Cleese, meu ás de ouros (que está sentado junto a uma mesa e diz: "E agora para algo completamente diferente"),[1] sentado dentro de uma banheira de hidromassagem, que é o objeto para o 7 de paus (o 7 de paus foi uma associação imediata que fiz para o meu amigo Paul dentro de uma banheira de hidromassagem). Faço uma nota mental de minha reação a essa cena estranha: acho que pode ser um esquete típico de um episódio de *Monty Python's Flying Circus*. Em uma fração de segundo, percebo que é um ajuste lógico (Cleese era um dos integrantes do Monty Python, grupo de humor britânico) e avanço para o próximo estágio.

NO INTERIOR DE MINHA MENTE: INFRINGINDO O LIMITE DE VELOCIDADE

Provavelmente você descobrirá que, quando começa a ficar competente e eficiente na memorização de cartas, você se torna cada vez mais rápido e, em seguida, atinge uma barreira; em geral, cinco ou seis minutos por baralho. Como você supera essa barreira? Há alguns anos, uma competidora me disse que não conseguia superar a barreira de quatro minutos. Perguntei-lhe quantos erros ela estava cometendo e ela me respondeu que se lembrava perfeitamente de cada baralho que memorizava. Aquele era o problema dela. Por mais estranho que possa parecer, quando memorizo um baralho a toda velocidade, geralmente cometo cinco ou seis erros. Por que não aspiro à perfeição? Se não cometer erros, como posso descobrir

---

[1] Tradução do título do filme *And Now For Something Completely Different*, inspirado na série de tevê *Monty Python's Flying Circus*, que contou com a participação de John Cleese. (N. T.)

> o ponto em que alcanço minha capacidade de memorização na velocidade mais rápida possível? Ao cometer sempre um ou dois erros, exerço pressão em relação aos meus limites. No entanto, preciso saber quais são os limites, de modo que, durante uma competição, possa reduzir minha velocidade a um ritmo em que não ficarei sujeito a nenhuma penalidade. Talvez você ache que isso contradiz minha recomendação de adoção de uma abordagem de falha zero na memorização das cartas. Suponho que contradiga, mas, quando você começa seu treinamento de memorização, o mais importante é ganhar confiança; acreditar que você é capaz de fazer isso, da mesma forma que eu aprendi a acreditar. Depois que ganhei autoconfiança, pude começar a assumir riscos, estender os limites e expandir minha mente e minha memória aos limites absolutos de suas potencialidades – e se isso significou cometer um ou dois erros ao longo do caminho; bem, sentia confiança suficiente para não deixar isso se interpor em meu caminho na trajetória para o sucesso nos campeonatos.

Viro outras duas cartas, em rápida sucessão: 6 de espadas e ás de copas. Na passagem de nível, vejo minha esposa (para mim, o seis [*six*, em inglês] lembra a palavra "sexy" e o sobrenome de solteira dela era Smith [ferreiro, que se associa à espada], o que me deu o S para espadas), injetando-se uma droga (meu personagem para o ás de copas é um amigo que teve uma juventude problemática). Tenho uma sensação momentânea de choque com esse pensamento: sinal de que me lembraria da cena posteriormente.

Viro mais duas cartas: valete de copas e 10 de espadas. Olhando através da vitrine da loja de roupas, vejo meu tio (que parece o valete de copas) montado sobre um elefante (de modo excepcional, o 10 de espadas é um dos dois animais em minha lista de personagens – o outro é o meu cachorro –, mas talvez você queira usar o Sistema Dominic, em que o 10 de espadas dá as iniciais OE). Sinto o constrangimento de meu tio sentado sobre um elefante em uma loja de roupas.

E, desse modo, concluí o processo com as seis primeiras cartas. Quanto tempo eu levei? Cerca de quatro segundos!

As pessoas supõem que devo ter um talento único para a visualização de imagens em detalhes e a toda velocidade. No entanto, como mencionei anteriormente, não tenho consciência de qualquer detalhe notável em minha imaginação. Não preciso de uma imagem fotográfica fiel para me lembrar dos personagens associados às minhas cartas. Sob vários aspectos, o importante são as reações emocionais que tenho em relação à impressão geral da cena. Quando se trata da fase de recordação, tenho uma espécie de imagem distorcida das cenas criadas durante a memorização, mas é o conteúdo emocional que desempenha um papel decisivo em quão bem consigo memorizar a sequência de cartas e me lembrar dela.

Nossas emoções tendem a ser instantâneas: frequentemente, são reações automáticas ao que vemos. E são poderosas. É mais rápido e mais eficaz imaginar uma cena e monitorar minha reação emocional a ela e, depois, recapturar essa reação como meu gatilho de memória do que completar até o último detalhe de como a imagem talvez pareça na realidade.

Isso pode parecer contraditório em relação a tudo aquilo que lhe disse agora sobre ser criativo e usar sua imaginação e todos os seus sentidos. O que acabei de descrever é meu processo de pensamento enquanto estou memorizando cartas a toda velocidade. No entanto, quando comecei, gostava de exagerar nas imagens, tornando-as engraçadas, tristes ou até violentas, para que conseguisse fixar as informações. No início, isso sem dúvida foi útil, mas, com o tempo, conforme ganhava cada vez mais prática e ficava progressivamente mais competente e eficiente, não precisei utilizar detalhes precisos ou exageros, pois, para mim, criar as jornadas é atualmente mais como uma vida real alternativa.

Depois de um tempo, você também se baseará menos em detalhes e mais em reações emocionais. De maneira gradual, suas jornadas mudarão de desenhos animados fantásticos e burlescos para séries de episódios mais surreais com fortes conexões emocionais. No entanto, é necessário dedicação e esforço para chegar a esse ponto – é preciso continuar praticando. A memorização de cartas é um dos melhores exercícios que você pode dar à sua memória, uma vez que a própria prática tem imenso valor para a vida diária. Com prática regular (digamos, uma vez por dia, durante um mês), você pode até ser capaz de memorizar um baralho completo em cerca de cinco minutos. E, se conseguir fazer isso em menos de sessenta segundos, acho que poderei vê-lo no próximo Campeonato Mundial de Memória!

CAPÍTULO 19

DECIFRANDO O CÉREBRO: DAS TÉCNICAS À TECNOLOGIA

Nas páginas anteriores, ensinei os meus principais métodos de memorização. Neste momento, quero falar sobre outra maneira pela qual treino meu cérebro. Tudo começou em 1997, quando fui convidado a participar de uma série de experiências que mediriam minha atividade cerebral ao longo de minha memorização. Ao me ligarem a um equipamento de eletroencefalograma (EEG) para medir a atividade elétrica de meu cérebro, os pesquisadores trabalharam para descobrir como aquela atividade se comportava entre os hemisférios, conforme as informações passavam entre eles por meio do corpo caloso, ou seja, a superestrada que liga as duas metades do cérebro. Os pesquisadores consideraram tanto o equilíbrio da potência elétrica entre os hemisférios de meu cérebro quanto a faixa de frequências das ondas cerebrais produzidas por mim, de acordo com o que eu fazia no momento: se eu estava memorizando cartas de baralho em sua ordem aleatória ou tentando me recordar delas.

Observar a atividade de minhas ondas cerebrais na tela do computador, em tempo real, abriu um mundo totalmente novo para mim. Finalmente, tendo aprendido por conta própria técnicas que me permitiram empreender grandes feitos de memorização, agora eu tinha um *insight* do que realmente acontecia dentro de meu cérebro enquanto fazia aquilo. Eu imaginava que o equilíbrio de potência residiria firmemente em meu hemisfério direito, mas, na realidade, os resultados guardavam uma surpresa para mim. Constatou-se que cada hemisfério produzia quase exatamente o mesmo nível total de potência elétrica, ou microvolts; nenhum hemisfério pareceu ser mais dominante sobre o outro durante a memorização ou lembrança.

Então, observei as frequências – ou a velocidade – em que minhas ondas cerebrais foram descarregadas. As principais frequências de onda cerebral que produzimos são:

- Ondas beta: são frequências rápidas e representam a atividade alerta normal do cérebro. São fundamentais para a tomada de iniciativa, a tomada de decisão e a concentração. As ondas beta variam de 13 hertz a 40 hertz. Por causa desse amplo espectro de frequência, essas ondas são muitas vezes subdivididas em beta alta e beta baixa. Vale mencionar que a onda beta alta (de 24 hertz a 40 hertz) pode estar associada ao estresse. Em irrupções rápidas, a atividade cerebral frenética é boa para o pensamento rápido e para a reação instantânea, mas a atividade prolongada da beta alta é extenuante e pode levar ao esgotamento nervoso.

- Ondas alfa: são mais lentas e representam as frequências "relaxantes" que geramos quando estamos tranquilos. São as melhores ondas para a realização da visão criativa e variam de 9 hertz a 12 hertz.

- Ondas teta: considero estas as frequências de onda cerebral mais fascinantes. Geralmente referidas como as ondas cerebrais do estado crepuscular, as ondas teta estão associadas ao sonho e ao sono REM (*Rapid Eye Movement* – movimento rápido dos olhos), quando muitos estudiosos acreditam que nossas memórias são consolidadas. Quando estamos acordados, as ondas teta promovem os pensamentos criativos e lógicos, ambos importantes para a melhoria da memória. Variam de 5 hertz a 8 hertz.

- Ondas delta: são as ondas cerebrais mais lentas e estão associadas ao sono profundo e ao relaxamento físico profundo. A frequência varia de 1 hertz a 4 hertz.

Quando adicionei a sequência de 52 cartas à memória, produzi uma gama completa de frequências de ondas cerebrais, desde a lenta delta até a rápida beta. No entanto, as frequências foram dominadas por ondas alfa e teta. Então, senti-me claramente relaxado e também criativo, o que está de acordo com o processo de memorização desenvolvido por mim. Durante a lembrança, as ondas teta tornaram-se mais dominantes, indicando que eu trouxe à tona as ondas mais associadas com a lembrança.

Fiquei tão impressionado e fascinado com o que descobri, que comprei meu próprio equipamento. Medi não só as minhas ondas cerebrais, mas também as de clientes, amigos e familiares, o tempo todo obtendo *insights* a respeito do que estava acontecendo no interior de suas mentes poderosas.

NO INTERIOR DE MINHA MENTE: TECNOLOGIA E MEU TREINAMENTO

O treinamento para um campeonato de memória é um trabalho de tempo integral, com duração de dois ou três meses antes do início da competição. Além de cuidar de meu bem-estar físico (veja pp. 222-224), tenho de pôr meu cérebro em forma. Faço medições nos equipamentos de EEG (veja pp. 141-143) e de AVS (do inglês, estimulação audiovisual – veja pp. 146-147) que tenho em casa, para assegurar que os dois lados de meu cérebro estão se comunicando bem um com o outro.

O Campeonato Mundial de Memória abrange dez modalidades (veja pp. 118-119). Pratico todas muitas vezes, alternadamente, até me sentir seguro com meus métodos e minha velocidade. Em geral, memorizo cerca de seiscentos números, usando três rotas de cinquenta estágios, acomodando quatro números em cada estágio e empregando imagens complexas (veja pp. 117-121). Tenho um programa de computador simples, que exibe seis dígitos binários por segundo em uma tela, e pratico a memorização de trezentos números, em sequência, em cinquenta segundos. Também uso um programa que dá uma sequência com trezentos números, a uma velocidade de um número por segundo. São maneiras excelentes de condicionar meu cérebro para períodos longos de concentração, enquanto fornecem prática essencial para a prova de números falados. Outro programa seleciona aleatoriamente trezentas palavras de um dicionário eletrônico, que tento memorizar em quinze minutos, enquanto outro gera datas do ano e nomes aleatórios, para que eu possa praticar a criação de ligações entre datas e acontecimentos (na competição em si, refino cada descrição de acontecimento em um nome-chave). Ainda há outro programa que gera imagens abstratas para *eu me exercitar com elas. Os sites de redes sociais, como o Facebook, proporcionam-me a prática de corresponder nomes a rostos (tenho por meta cem nomes e rostos, em quinze minutos).*

Analisando os resultados

Há mais de uma década, analiso os resultados dos EEGs de todos os tipos de pessoas: desde aquelas que afirmam ter uma boa memória até aquelas que afirmam não ter; jovens e velhas, na ativa e aposentadas. Embora o cérebro de cada indivíduo seja único, percebi que, em uma porcentagem relativamente pequena de pessoas cujo estilo de vida é saudável e feliz e cuja memória é notavelmente eficiente, há um certo padrão de atividade de ondas cerebrais. Desde pianistas de concerto até CEOs, passando por produtores de tevê e mães em tempo integral, essas pessoas apresentam três características em comum:

1. Acima de tudo, elas possuem um equilíbrio muito bom em termos de amplitude ou potência entre os dois hemisférios cerebrais.
2. Dispõem de mobilidade através da faixa de frequência, de beta a delta (isto é, são capazes de trocar de frequência com facilidade). Isso é fundamental para otimizar a potência elétrica do cérebro, da mesma maneira que a troca de marchas é essencial para otimizar a potência do motor de um carro.
3. Conseguem produzir ondas alfa dinâmicas – em 10 hertz –, o que revela uma boa capacidade de relaxar e receber informações.

Trabalhando com os dados

Então, na prática, o que significa saber tudo isso? Se você conseguir aprender a alinhar seu cérebro com as melhores frequências para memorização, você aumentará automaticamente o poder de sua memória. Os dois métodos para fazer isso por meio da tecnologia são o neurofeedback e a estimulação audiovisual. No entanto, acredito (embora não tenha feito estudos empíricos a esse respeito) que as técnicas sem uso de máquinas, tais como as ideias de treinamento da memória deste livro, não são menos valiosas para exercitar seu cérebro a acessar as melhores frequências cerebrais para memorização. Em outras palavras, apesar de poderem levar um pouco mais de tempo e exigirem mais dedicação, creio que as técnicas "manuais" conseguem ser tão eficazes quanto o treinamento que faço usando uma máquina. A título de curiosidade, porém, eis como as máquinas realizam o trabalho rapidamente.

Neurofeedback: olhe, sem as mãos!

Você já quis jogar um videogame usando apenas o poder de seu cérebro? Parece futurístico e até de outro mundo, não? Mas é perfeitamente possível. Digamos que você está estressado e produzindo muitas ondas beta altas (veja p. 142). Você está ficando distraído e esquecido. Para reparar essa situação, você se liga a um sistema de neurofeedback e pratica um jogo que exige a produção de ondas alfa e teta mais lentas para ter sucesso. Você pode ter de mover uma bola através de um labirinto, mas a bola só se moverá quando suas ondas beta se reduzirem e suas ondas alfa aumentarem, estimulando-o a relaxar sua mente. Após diversas sessões de relaxamento mental consciente, seu cérebro aprende a desacelerar e sua memória começa a apresentar um desempenho mais eficiente.

Estimulação audiovisual: óculos de memória tingidos de rosa

Outra maneira de influenciar as ondas cerebrais consiste em utilizar a estimulação audiovisual (AVS). Sentado em uma cadeira, você usa óculos com diodos emissores de luz (LEDs) integrados. As luzes podem ser ajustadas para piscar em uma frequência correspondente a algum padrão de onda cerebral desejado, que o cérebro então sintoniza. Isso é denominado resposta de frequência seguinte. Por exemplo, se quiser treinar o cérebro para acessar com facilidade o estado alfa, terá de ajustar o programa em uma frequência de 10 hertz. Então, você fecha os olhos, relaxa e deixa que as ondas cerebrais se sintonizem com as luzes piscantes por cerca de vinte minutos. A AVS é uma ferramenta muito poderosa, não invasiva e não viciante, para redefinir o cérebro a uma boa condição de trabalho. Que bom seria se toda casa pudesse ter um equipamento desses!

NO INTERIOR DE MINHA MENTE: REVERTENDO A DRENAGEM DE CÉREBRO

Eu não seria quem sou sem meus equipamentos de EEG e AVS. Embora isso possa parecer algo saído de um romance de literatura gótica, realinhar meu cérebro com essas máquinas é fundamental para o meu treinamento. Quando tento realizar feitos de memorização, preciso estar relaxado, porém concentrado. As frequências de ondas cerebrais predominantes de que necessito para produzir devem variar entre ondas teta mais lentas de 5 hertz a 8 hertz e ondas beta mais rápidas da faixa inferior de 13 hertz a 14 hertz. Se a proporção entre beta e teta for menor do que 3:2, estou exibindo sinais de estresse (esse é o maior denominador comum entre as pessoas que dizem ter uma memória fraca); nesse caso, tomo medidas para eliminar o estresse de minha vida (veja pp. 225-226), incluindo o uso da AVS.

Meu aparelho de AVS me ajuda a fazer um ajuste fino e equilibrar a atividade elétrica de meu cérebro. Posso fixar um padrão de frequência para acelerar meu cérebro se estou me sentindo muito sonhador ou desacelerá-lo se estou me sentindo estressado. Minhas ondas cerebrais seguem os padrões de piscamento e aprendem a produzir frequências similares por conta própria. Conforme a luz estimula os bilhões de neurônios em meu cérebro a "dançarem a mesma música", obtenho uma sensação completa de relaxamento. Posteriormente, sinto-me centrado, o mundo se mostra em um foco mais nítido e as cores parecem mais vivas. As medições de minha atividade cerebral revelam que a potência total de meu cérebro, em microvolts, aumenta após essas sessões. No entanto, o benefício mais importante é que meus níveis de estresse caem e consigo pensar com mais clareza. Curiosamente, o grau pelo qual percebo essas mudanças depende de quão insatisfatório está meu bem-estar naquele momento específico. Se já estou fisicamente em boa forma e me sentindo relaxado, realmente não sinto os benefícios da AVS.

CAPÍTULO 20
O PRIMEIRO CAMPEONATO MUNDIAL DE MEMÓRIA

Depois que ordenei todas as minhas técnicas e comecei a quebrar recordes de memorização, concluí que precisava de um novo desafio. Tive a ideia de promover uma competição de memória que colocaria os melhores mnemonistas do mundo em disputa. Todo ano, já tentávamos superar os feitos uns dos outros para conseguir menções no *Guinness World Records*. Assim, parecia um passo natural oficializar a competição, abrigando todos nós sob um mesmo teto para batalhar pela supremacia da lembrança. Conhecia algumas pessoas em todo o mundo que eram capazes de memorizar cartas e longas sequências de números, e que eu sabia que estavam preparadas para o desafio, mas eu tinha um problema. No interesse do jogo limpo, não podia planejar a competição e participar dela, sobretudo se havia até uma pequena chance de eu conseguir ganhá-la.

Enquanto refletia a respeito da ideia, o destino me sorriu. Em 1991, recebi uma carta de Raymond Keene, grande mestre de xadrez, a respeito de um evento planejado para alguns meses depois, naquele mesmo ano. Eis o que dizia a carta:

*"Prezado senhor O'Brien,
Creighton Carvello sugeriu que o senhor talvez se interessasse pelo campeonato de memória que estamos organizando. Seguem anexos os detalhes e espero que o senhor participe. A propósito, vi menções de seus feitos na coluna de bridge do* The Times, *jornal em que também escrevo a coluna sobre xadrez.
Fico no aguardo de uma resposta.
Atenciosamente,
Raymond Keene OBE"*

Achei incrível a sincronicidade. Senti como se tivesse passado os três anos anteriores treinando para aquela competição, e ali estava ela, entregue para mim de bandeja.

Raymond Keene e Tony Buzan (que criou o *Mind Maps*®; veja pp. 176-177) tinham desenvolvido o conceito de um campeonato de memória e, naquele momento, estavam prontos para apresentá-lo ao mundo. A primeira vez que encontrei Keene e Buzan, eles me questionaram a respeito de minhas técnicas e de como eu tinha me envolvido com questões de memória. Quando contei a eles como realizava minhas memorizações, Buzan virou-se para Keene com uma expressão surpresa, como se dissesse: "Ele conhece os segredos".

Os dois conversaram com vários possíveis competidores, escutaram nossas recomendações e tomaram nota de nossos diversos pontos fortes de memorização. Usando todas essas informações, criaram o primeiro Campeonato Mundial de Memória, que denominaram The Memoriad. Menos de um mês depois, eu e seis outros mnemonistas (Tony Buzan nos denominou "Os sete magníficos") competimos pelo título do campeonato, realizado no Athenaeum Club, em Londres.

Usando um *smoking*, e tão preparado quanto fosse possível para o evento de um dia, quando cheguei ao clube acho que me sentia menos nervoso pelo campeonato e mais pelo fato de me encontrar com Creighton Carvello, minha inspiração, pela primeira vez. Quando nos encontramos (e ele era encantador), a primeira coisa que reparei foi que seus sapatos pretos estavam tão bem lustrados que eu quase consegui ver meu reflexo neles. Se o desempenho dele fosse tão perfeito quanto o lustro de seus sapatos, eu não teria nenhuma chance.

A competição entre nós foi acirrada, mas, com determinação, conquistei o título na última modalidade, memorizando a toda velocidade um baralho único de cartas embaralhadas. No que pareceu um final adequado para três anos de treinamento duro, bati o recorde de Creighton Carvello para um baralho único em gratificantes trinta segundos: levei 2 minutos e 29 segundos, sem erros.

Duas décadas de campeonatos depois, as regras e as modalidades foram aprimoradas e refinadas para acomodar sugestões de mnemonistas de primeira classe de todo o mundo. Você já aprendeu a lidar com a maioria das modalidades no processo de aprendizado de incrementar sua capacidade de memória – notadamente as provas referentes a números e cartas de baralho, mas também, por extensão, a prova de palavras aleatórias –, e você pode tentar todas elas com as técnicas que lhe ensinei até aqui. Realmente, é emocionante, para mim, poder assumir a responsabilidade por sugerir duas outras modalidades na competição: a memorização de imagens abstratas em quinze minutos (darei mais detalhes a esse respeito posteriormente) e a modalidade que quero ensinar a seguir: a memorização de dígitos binários aleatórios em trinta minutos, que acredito que possa ser a rotina de treinamento suprema para seu cérebro.

CAPÍTULO 21
PROVA DO CAMPEONATO: DÍGITOS BINÁRIOS

O primeiro Campeonato Mundial de Memória foi muito bem recebido, tanto pelos concorrentes como pela mídia. Para o ano seguinte, sabíamos que a competição tinha de ser maior e melhor, desafiando ainda mais os mnemonistas. Sugeri aos organizadores que a memorização de dígitos binários seria um grande teste para a capacidade de memória e inventividade dos concorrentes. Os dígitos binários também são um grande exercício para qualquer um que queira aprender a incrementar a capacidade de memória.

O código binário é a linguagem de funcionamento de todos os computadores; representa as duas posições em que um interruptor consegue operar: ligado (1) ou desligado (0). Desse modo, quando você vê uma sequência binária, ela é meramente uma série de uns e zeros. Abaixo, apresento uma sequência de trinta uns e zeros, em ordem aleatória. Como você faria para memorizá-los na sequência correta?

1 1 0 0 1 1 0 0 1 0 1 0 0 1 1 0 1 0 1 1 1 1 1 1 0 0 1 1 0 1

Você consegue perceber por que achei que uma prova com binários seria um grande teste de agilidade mental? Sem dúvida, parece um desafio difícil; embora, é claro, trinta dígitos não fossem nem de longe uma quantidade suficiente para exigir demais dos cérebros dos maiores especialistas do mundo no uso da memória. No Campeonato Mundial de Memória, para essa modalidade, os competidores são apresentados a, no mínimo, cem filas de trinta números binários e têm apenas meia hora para adicioná-las à memória, em sequência.

Em 1997, consegui memorizar 2.385 números binários em trinta minutos. Na ocasião, alcancei um novo recorde mundial, mas, desde então, outros mnemonistas alcançaram marcas melhores. Como isso é possível? Bem, como tudo que tem a ver com feitos de memorização, você precisa de um sistema. De fato, após você ter dominado o Sistema Dominic (veja pp. 109-115), a memorização de números binários é relativamente fácil.

Minha solução para decompor binários foi criar um código que os converteu em números com os quais eu fosse capaz de trabalhar. Elaborei todos os possíveis grupos de três binários que podiam existir e, então, dei a cada um deles um código numérico. Assim:

000 = 0   110 = 4
001 = 1   100 = 5
011 = 2   010 = 6
111 = 3   101 = 7

Meu sistema é simples: as quatro primeiras combinações são representadas por sua soma e as quatro últimas simplesmente continuam a sequência de números decimais, de uma maneira que parece lógica para mim. Para memorizar um número binário, tudo o que temos de fazer é memorizar os códigos, elaborar como eles se aplicam ao número binário e aplicar o Sistema Dominic para converter os números "apropriados" em personagens, que você situa ao longo de uma jornada. Na prova do campeonato, os competidores podem escrever os códigos para os grupos de três (ou qualquer sistema que estejam usando) na parte superior dos dígitos binários.

Você talvez ache que aprender a memorizar binários não lhe traga benefícios. No entanto, se quiser alcançar uma memória perfeita, a memorização de sequências binárias é um exercício fantástico, pois combina todos os elementos que constituem os melhores métodos de memorização. Então, por favor, seja paciente comigo.

Eis outra sequência de 24 dígitos binários. Dessa vez, eu os converti em seus códigos numéricos (entre parênteses):

1 1 0 (4)
0 1 1 (2)
0 0 1 (1)
0 1 0 (6)
1 0 1 (7)
1 0 1 (7)
0 1 1 (2)
0 1 0 (6)

Depois de ter feito a conversão, formo pares de números, obtendo:

42 16 77 e 26.

Então, para cada um desses pares, adoto um personagem, utilizando o Sistema Dominic, o que me fornece:

David Beckham, Arnold Schwarzenegger, Lady Gaga (por causa do Ga Ga) e Bart Simpson. (Você deve usar seus próprios personagens, se puder, na medida em que são mais memoráveis para você.)

Ao posicionar esses personagens ao longo da jornada, você utiliza imagens complexas (veja pp. 117-121), de modo que o primeiro personagem em um par torne-se um substituto para a ação do personagem que representa o segundo par de números. Dessa maneira, na realidade, para memorizar os 24 dígitos binários, só preciso de dois estágios de minha jornada escolhida.

ESTÁGIO 1 – Imagine o futebolista inglês David Beckham (42) levantando pesos. Beckham está usando a ação que associo a Arnold Schwarzenegger (16).

ESTÁGIO 2 – Imagine a cantora Lady Gaga (77) agindo como o Bart Simpson (26) e gritando: "Vai se danar!".[1]

---

[1] No original, "Eat my shorts!". É uma das frases típicas de Bart Simpson. (N. T.)

Isso dá a impressão de ser complicado, e você pode achar que seguir tantos processos apenas para memorizar uma série de uns e zeros parece trabalhoso e cansativo. No entanto, seu cérebro é uma máquina incrível: sua velocidade de processamento é muito mais rápida do que qualquer computador. Pense no pianista que consegue converter notas em música em um décimo de segundo (um pianista experiente é capaz de ler até vinte notas por segundo), tocando as composições musicais impecavelmente. Mesmo enquanto você lê essa sentença, seu cérebro está convertendo letras em sons e dando-lhes significados, sem que sua consciência lhe dê tempo para se concentrar no processo. É tudo uma questão de prática e, como qualquer coisa, quando você sabe como fazê-la e trabalha para se aprimorar, essa atividade pode tornar-se algo quase instintivo para você. Agora, pratique o exercício a seguir.

EXERCÍCIO 9: profusão binária

Então, agora é sua vez. Se sua mente conseguir lidar com os diversos níveis de função exigidos para fazer isso corretamente, você está indo bem no caminho de obter uma memória incrível.

1. Utilizando os códigos da página 154, converta os trinta dígitos binários a seguir em números manuseáveis. Anote os códigos para cada conjunto de três dígitos:

   0 1 1 0 1 0 1 1 1 1 0 0 1 0 1 0 0 0 0 0 1 1 0 1 1 1 0 0 1 1

2. Você tem apenas um minuto para completar as etapas restantes de memorização deste exercício (converter os códigos em letras, depois em personagens e os posicionar na jornada). Ajuste um temporizador e comece a memorização. Ao terminar, anote a sequência de binários (vá direto aos binários; não anote os códigos). Volte a olhar para a lista para verificar como você se saiu. Uma pontuação de 18 a 24 dígitos binários é boa; de 25 a 30 é excelente.

3. Depois de concluir este exercício com êxito e com confiança, peça para um amigo ou um familiar escrever outra lista de trinta dígitos binários para você; ou, usando seu computador, feche os olhos e digite uns e zeros aleatoriamente, até obter uma nova sequência que você possa utilizar para se exercitar. Dessa vez, dê-se um minuto e meio, mas tente incorporar a conversão para números manuseáveis à sua janela de tempo: vá do binário à memorização contra o relógio, como no Campeonato Mundial de Memória real.

CAPÍTULO 22

PROVA DO CAMPEONATO: NOMES E ROSTOS

Em 1991, depois que ganhei o primeiro Campeonato Mundial de Memória (ou The Memoriad, como era conhecido na época), tornei-me o centro das atenções, aparecendo na mídia de todo o mundo. Pouco depois, contratei um agente e logo estava aparecendo em programas de entrevistas e *game shows* na tevê, demonstrando memorização de cartas e mostrando ao mundo que conseguia memorizar os nomes e os rostos de toda uma plateia.

É uma coisa engraçada ser conhecido por ter uma memória incrível: adiciona certa pressão para você sempre ter uma atuação impecável. Se estou em uma apresentação ou se estou dando aula em uma sala cheia de pessoas a respeito de como melhorar a memória, é inconveniente (e absolutamente embaraçoso) chamar alguém pelo nome errado. Ser capaz de recordar o nome de uma pessoa é uma habilidade social importante para qualquer um de nós – e, para mim, é uma questão de provar que consigo fazer o que falo que sou capaz de fazer, toda vez que conheço um rosto novo. Também é uma das provas do Campeonato Mundial de Memória e, como os dígitos binários, um exercício notável para o treinamento da memória.

No Campeonato Mundial de Memória, os competidores recebem fotografias de cem rostos e têm apenas quinze minutos para memorizá-los, junto dos nomes e sobrenomes correspondentes. Em seguida, as fotografias são apresentadas de novo, em uma nova ordem aleatória, e os competidores têm de emparelhá-las corretamente. Devo dizer que nem sempre os nomes são fáceis. Os concorrentes vêm de todas as partes do mundo; então, é justo que os nomes também venham. E temos de soletrar cada nome corretamente; caso contrário, perdemos pontos. Você pode entender como dominar isso é útil para mim quando estou em uma situação com pessoas reais à minha frente.

Para lhe dar uma ideia do que os competidores enfrentam, eis alguns nomes tirados de uma prova real do Campeonato Mundial de Memória: Detlef Sokolowski, Hlelile Esposito, Ahlf Vogel, Gad Hotchkiss, Xiulan Majewski. É uma grande façanha de memorização acertar todos os nomes. Atualmente, o detentor do recorde mundial é Boris Konrad, da Alemanha, que memorizou 97 nomes e rostos corretamente em quinze minutos.

Então, como isso é feito? É um bom exercício para sua memória? Cada competidor do Campeonato Mundial de Memória tem sua própria variação em relação a diversos métodos de memorização de nomes e rostos, mas todos seguem os mesmos princípios, combinando associação, localização e imaginação.

Associações de nomes

Para memorizar nomes que combinam com rostos, os nomes, como os números, precisam ser convertidos em imagens. Digamos que você seja apresentado a um homem chamado Rupert Watts.

Por qualquer motivo, esse homem lhe traz à lembrança o seu dentista: fixe-se nessa associação instantânea e imagine o homem em um jaleco branco de dentista. Que conexões você faz em relação ao nome Rupert? Talvez você pense em alguém famoso: Rupert Everett, o ator, ou Rupert Murdoch, o magnata da mídia? Para mim, associo a "Rupert Bear", personagem de história em quadrinhos infantil. Imagino uma cena, em minha consulta, na qual Rupert, vestido de branco, está segurando uma broca odontológica. "Watts" associo à eletricidade. Assim, imagino Rupert Bear trocando uma lâmpada durante a consulta. Na próxima vez que encontrar com essa pessoa, ela me trará novamente à lembrança o meu dentista e a cadeia de associações fornecerá seu nome para mim.

Ligações com características físicas

O que acontece se a pessoa que você acabou de conhecer não lhe lembrar imediatamente alguém? Nesse caso, tento achar uma ligação entre alguma característica física dela e o seu nome. Por exemplo, se você conhecer uma mulher chamada Bianca e ela tiver a pele muito branca, isso pode ser uma associação. Se o sobrenome dela for Oliveira, você pode imaginar a branca Bianca comendo azeitonas (o fruto da oliveira). Claro, a verdade é que muitos nomes não proporcionam uma ligação conveniente com uma característica física, mas, em geral, há algo ali. Uma pessoa chamada Rebeca pode ter um nariz "arre**bit**ado", ou uma moça chamada Amanda pode ter olhos **amen**doados. Em geral, não importa se a ligação é tênue; basta ter um pequeno gancho visual que ativa uma associação para revelar o nome.

Teletransporte-me, Scotty[1]

Nem sempre é um componente visual (uma semelhança ou característica física) que ativa o contexto de memorização de um nome. Às vezes, o nome em si contém a solução. Por exemplo, se alguém me diz que seu sobrenome é Holmes, posso transportar essa pessoa para a Baker Street, 221b, em Londres – lar do detetive fictício Sherlock Holmes. Equipo o rosto da pessoa com o máximo de conexões com Sherlock Holmes que consigo pensar. Posso imaginar a pessoa usando o chapéu de caçador e fumando um cachimbo. Em seguida, tenho de pôr o nome da pessoa em cena. Se é um homem chamado Peter, imagino meu pai (também Peter) batendo na porta do número 221b da Baker Street, a qual Sherlock Holmes abre. Se é uma mulher chamada Andrea, imagino uma androide servindo chá no escritório de Holmes.

"Olá, meu nome é Arthur Stanislofsachinkolovspedeten"

Vivemos em uma sociedade diversa e multicultural, e à medida que viajamos mais e conhecemos pessoas interessantes de diversas culturas, nomes e, em particular, sobrenomes podem representar um desafio até para um mnemonista experiente como eu. Para fixar esses nomes, tenho de decompô-los em blocos mais manejáveis.

Desse modo, por exemplo, um sobrenome como Sokolowski torna-se a imagem de uma amiga chamada Sofia, que colou um ski nos pés ("Sô colou um ski"). Tente inventar associações para ajudá-lo a se lembrar de "Arthur Stanislofsachinkolovspedeten":

---

[1] No original, "Beam me up, Scotty". É uma frase típica da série *Jornada nas Estrelas*. (N. T.)

que ideias estranhas e maravilhosas você consegue sugerir? Seu cérebro, como o meu, gosta de achar padrões e fazer ligações, então sempre existe uma maneira de fazer conexões para ajudar sua memorização. (Teste suas associações amanhã: escreva o nome em uma folha e, depois, volte a olhar para ver o quão perto chegou: você escreveu de forma correta?)

Como memorizar um cômodo cheio de pessoas

Se é esse método que sigo quando sou apresentado a uma pessoa ao acaso ou quando disputo campeonatos, como exibo minhas habilidades em um cômodo cheio de pessoas? Faço apresentações regularmente, e minha atração especial é a memorização dos nomes de todas as pessoas do recinto. Se há cerca de cinquenta pessoas presentes, é muito simples: é menos gente que a quantidade de cartas de um baralho. Dessa vez, em vez de colocar os personagens associados às cartas ao longo da jornada, em cada estágio insiro pessoas reais em suas aparências imaginadas. Lembra-se de meu banco de jornadas? Tenho diversas jornadas de memorização com cinquenta estágios, que gravei especialmente para a memorização de nomes: posso ligar as jornadas, como fiz em relação às sequências longas de cartas, se precisar.

Eis como funciona: a primeira pessoa do recinto me diz seu nome. Imediatamente, eu a fixo no primeiro estágio de minha jornada. Digamos que seja o estacionamento para carros de meu clube de golfe. Imagino que estou com aquela pessoa no estacionamento. Enquanto penso nessa imagem, repito o nome em voz alta e observo atentamente o rosto da pessoa. O que chama a minha atenção? Ela tem um nariz pontudo? Cabelos cacheados?

Uma cicatriz na testa ou uma verruga no lábio superior? A pessoa lembra alguém que conheço ou alguém famoso? Às vezes, tudo de que preciso é uma pequena peculiaridade ou maneirismo. Depois que fixei a imagem e fiz as associações com o nome, avanço para o próximo estágio de minha jornada e para a próxima pessoa do recinto. Continuo avançando até memorizar todas as pessoas ali e seus nomes.

O sistema funciona se as pessoas estão sentadas em um auditório ou se estão movendo-se continuamente, pois consigo "colocar" o rosto no estágio correto da jornada assim que o vejo de novo, mesmo se a pessoa não estiver sentada no mesmo lugar de quando eu a memorizei. No entanto, em geral, não memorizo todo um auditório ou recinto ao mesmo tempo. Todos nós temos um "limite de esquecimento", após o qual as memorizações começam a ficar um pouco vagas. O limite pode variar de acordo com o tipo de memorização. O meu limite é bastante alto para números (cerca de duzentos números) e cartas (cerca de cem cartas), mas sei, por experiência, que meu limite para nomes e rostos é quinze. Após o décimo quinto nome e rosto que memorizei, preciso fazer uma revisão de minha jornada até ali (veja pp. 91-97), reconstruindo mentalmente meus passos e minhas associações, para ter certeza de que criei conexões fortes. Ocasionalmente, posso ter de pedir para alguém repetir o nome, pois a ligação que fiz inicialmente não foi forte o bastante; não gosto de fazer isso, mas, às vezes, acontece. Só depois de realizar minha revisão consigo sentir confiança para avançar para os próximos quinze nomes e rostos que acompanham a série. Leve em consideração que seu limite de esquecimento pode ser maior ou menor que quinze.

É importante que você descubra – por tentativa e erro – qual é esse limite e espace suas revisões apropriadamente.

A prática leva à perfeição

As redes sociais são incríveis, já que fornecem nomes e rostos para você testar suas habilidades de memorização. Se você realmente quiser ficar bom nisso – e, de fato, o treino é a única maneira de consegui-lo –, acesse o Facebook ou outra rede social e selecione alguns nomes e rostos ao acaso para exercitar a criação de conexões. Em pouco tempo, você desenvolverá sua intuição para forjar ligações. Por enquanto, pratique o exercício a seguir (a parte 2 – os rostos desordenados – aparece na página 167).

EXERCÍCIO 10 (parte 1): não conheço você de algum lugar?

Não é possível substituir o fato de estar em um recinto cheio de gente tendo de memorizar todos os nomes, mas esse exercício é um bom paliativo, e corresponde exatamente ao que ocorre no Campeonato Mundial de Memória, de modo que proporciona um treino excelente.

Estude os dez rostos a seguir. Utilize sua poderosa imaginação para fazer uma conexão entre cada nome e rosto, empregando as técnicas descritas neste capítulo. (Você pode utilizar uma jornada, se ajudá-lo, mas não vou pedir para repeti-los na ordem correta, portanto você não precisa necessariamente de uma.)

Você tem cinco minutos para concluir a memorização (e todo o tempo de que precisar para tentar lembrar-se dela). Quando os cinco minutos chegarem ao fim, vire a página e você encontrará os mesmos rostos em uma ordem diferente. Você consegue lembrar-se do nome e do sobrenome que correspondem a esses rostos?

BRIAN MCGRATH 
JACQUELINE DACEY 
BEN COBURN 
CHARLIE KNOTT 
JOSEPH FLUTE

JUDY BARRATT
ABDULLAH SINGH 
MERIEL DALBY 
TED DOYLE 
EMMA STEVENS

PROVA DO CAMPEONATO: NOMES E ROSTOS 167

EXERCÍCIO 10 (parte 2): não conheço você de algum lugar?

Eis os mesmos dez rostos que você memorizou na página 166, mas dessa vez desordenados. Você consegue lembrar seus nomes? São vinte no total: dez nomes e dez sobrenomes. Para cada nome que você acertar, conceda-se um ponto (total: 20 pontos possíveis). Uma pontuação de 12 a 15 é boa; 16 ou mais é excelente.

1 2 3 4 5

6 7 8 9 10

CAPÍTULO 23
PROVA DO CAMPEONATO: IMAGENS ABSTRATAS

Em 2006, apresentei uma nova modalidade no Campeonato Mundial de Memória: imagens abstratas. É um teste perfeito para a memória. O bom desempenho não requer habilidades de linguagem, capacidade em matemática ou raciocínio verbal. É um "nivelador" de memória, se você preferir; um teste puro de agilidade de memória que utiliza o poder da imaginação. Em quinze minutos, os concorrentes devem memorizar a maior quantidade possível de formas abstratas em preto e branco, apresentadas, se possível, em fileiras de cinco e em sequência. Ao final desse tempo, eles recebem uma folha mostrando as mesmas imagens, mas em uma nova ordem. Os concorrentes têm de numerar as imagens nessa segunda folha de acordo com a posição original de cada imagem.

Abordo o desafio olhando para as imagens, uma por uma, e achando as primeiras e mais rápidas associações visuais que consigo. Dê uma olhada na primeira fileira de cinco imagens a seguir. O que você "vê"?

| 1 | 2 | 3 | 4 | 5 |

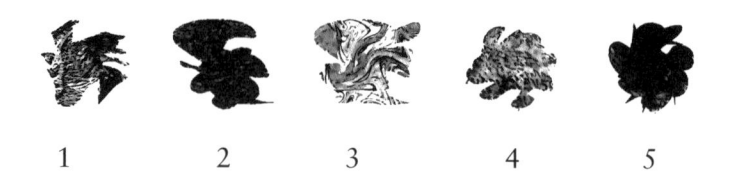

Eis as aparências das imagens para mim:

1. A cabeça de uma cabra.
2. Um gnomo de jardim.
3. Um jóquei avantajado montando um esquilo.
4. Um coelho.
5. Um morcego voando.

Depois de obter minhas associações, utilizo-as para criar uma história que me ajude a memorizar a ordem correta das imagens. Por exemplo, imagino uma cabra comendo junto a um gnomo de jardim e, enquanto ela faz isso, um esquilo passa correndo. O esquilo salta sobre o coelho, que está comendo um morcego.

Em seguida, coloco essa historinha no primeiro estágio da jornada que reservo para as imagens abstratas (o primeiro estágio de minha jornada de imagens é meu jardim dos fundos), para indicar que essas eram as imagens na primeira fileira de cinco. Memorizo, então, a próxima fila de cinco imagens exatamente da mesma maneira e a coloco em minha jornada predeterminada, no segundo estágio, perto do galpão de meu jardim. A jornada preserva a ordem das fileiras, enquanto cada história que crio preserva a ordem das imagens em cada fileira. Eis um exemplo de segunda fileira (dessa vez, não numerei as imagens, porque elas não são numeradas na prova do campeonato; assim, é mais fiel à realidade):

Que objetos as imagens evocam em sua imaginação?

Da esquerda para a direita, vejo um pequeno alienígena engraçado, um poodle levantando os olhos, alguém rezando, um homem de nariz grande usando um chapéu estranho e um cervo com chifres pequenos. Dessa maneira, imagino um alienígena abrindo a porta do galpão de meu jardim, que é protegido por um poodle. No interior do galpão, vejo um homem rezando por misericórdia. Ele está sendo mantido prisioneiro pelo sujeito de chapéu. Na parede do galpão, está pregada a cabeça de um cervo com chifres pequenos.

Aqui estão as mesmas duas fileiras de imagens, mas em uma ordem diferente:

Ao reprisar a cena de meu jardim dos fundos, sei que a ordem original das imagens na fila acima é: 4, 3, 2, 5, 1.

Cubra a página anterior. Você consegue se lembrar da ordem original das imagens da fileira dois?

Nesses exemplos, apresentei-lhe as minhas associações, mas, claro, associações distintas podem ter parecido mais evidentes para você. O desafio é sempre encontrar uma associação o mais rápido possível e converter cada uma rapidamente em uma história memorável. Isso proporciona uma ótima maneira de aprimorar sua imaginação e suas habilidades de associação. Pratique o exercício da página a seguir sozinho.

PROVA DO CAMPEONATO: IMAGENS ABSTRATAS 173

EXERCÍCIO 11: mudança de forma

Tente memorizar as três fileiras de imagens abstratas no passo 1 abaixo. Você tem cinco minutos (ajuste o temporizador para alertá-lo quando o tempo chegar ao fim). Depois, cubra o passo 1 e tente restaurar as imagens desordenadas no passo 2 para sua ordem original. Recordar-se de duas fileiras completas na ordem correta é bom; todas as três, é excelente.

1. MEMORIZE AS IMAGENS

2. REORDENE AS IMAGENS

CAPÍTULO 24

A VIDA DE UM CAMPEÃO DE MEMORIZAÇÃO: FAZENDO DISCURSOS

Assim como se esperava que eu exibisse uma memorização impecável de cada nova pessoa que conhecia, logo comecei a aparecer em programas de tevê para demonstrar minhas habilidades de memória. Imagine: ali estava eu, um homem que, na infância, não tinha tido nenhuma autoestima. Então, de uma hora para a outra tive de aprender a me apresentar de maneira inteligente, expressar meus pensamentos de forma clara e superar a timidez na frente de potencialmente milhões de pessoas. Felizmente, provar para mim mesmo que eu tinha uma boa capacidade mental tinha feito maravilhas para a minha autoconfiança.

Ainda assim, falar em público não era a minha praia e, aparentemente, eu não era o único. Por exemplo, o escritor norte-americano do século XIX, Mark Twain, famoso por seu romance *As aventuras de Huckleberry Finn*, era o palestrante convidado em um jantar com todos os grandes líderes da Guerra de Secessão. Depois que todos os líderes fizeram seus discursos prolixos, Twain nervosamente ficou de pé e disse: "César e Aníbal estão mortos, Wellington foi dessa para uma melhor e Napoleão está enterrado. E, para ser honesto, eu mesmo não me sinto muito bem", e, imediatamente, sentou-se. As coisas também parecem não ter mudado com o tempo: nos Estados Unidos, um estudo sustentou que muitas pessoas temem fazer um discurso na frente dos outros mais do que temem a morte!

Naturalmente, a maior causa da ansiedade relativa a discursos é o branco que dá na mente. Na melhor das hipóteses, você começa a balbuciar algo vagamente coerente, e, na pior, não emite nenhum som. Nesse caso, leia as anotações, certo? No entanto, pense nos discursos mais impressionantes que você escutou. São lidos por alguém que olha para baixo e cujas mãos viram páginas? Provavelmente não. Os discursos mais envolventes e inspiradores são aqueles proferidos por um orador que faz contato visual com a plateia, sorri para ela e fala naturalmente. Memorize seu discurso e as pessoas vão gostar de escutá-lo. E foi isso que tive de dominar quando comecei a dar palestras, tanto televisionadas quanto fora das câmeras.

Esteja preparado!

Um discurso preparado de maneira deficiente já é um começo com o pé errado. Um dos melhores conselhos que recebi a respeito de fazer um bom discurso é: "Diga o que você vai dizer, diga, depois diga o que você acabou de dizer". Se você elaborar seu discurso antes de escrevê-lo, poderá assegurar a revisão de qualquer informação irrelevante ou maçante, estruturando o discurso de maneira coerente, antes de você de fato começar a redigi-lo.

Um dos melhores métodos de preparação é o Mind Maps®. Inventado por Tony Buzan, um dos fundadores do Campeonato Mundial de Memória, o Mind Maps® fornece um meio visual para organizar informações ao redor de um tópico central. No centro do "mapa", há o próprio tópico (nesse caso, o tópico de seu discurso) e, então, as ideias e os pensamentos chegam a você, com ramos partindo do centro, que se decompõem, até você ter um quadro completo de tudo o que quer dizer. O objetivo é que essa visão geral mostre onde estão as ligações entre os elementos de seu tópico, dando uma organização natural e coerente.

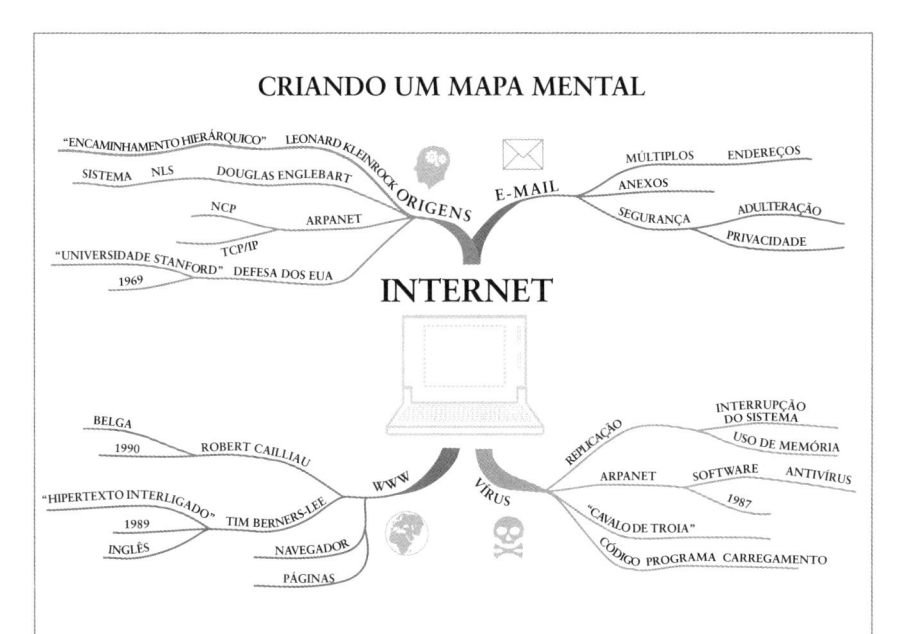

CRIANDO UM MAPA MENTAL

"ENCAMINHAMENTO HIERÁRQUICO" LEONARD KLEINROCK
SISTEMA NLS DOUGLAS ENGLEBART
NCP
ARPANET
"UNIVERSIDADE STANFORD" TCP/IP
1969 DEFESA DOS EUA

ORIGENS
E-MAIL
MÚLTIPLOS ANEXOS
ENDEREÇOS
SEGURANÇA
ADULTERAÇÃO
PRIVACIDADE

INTERNET

BELGA
1990 ROBERT CAILLIAU
"HIPERTEXTO INTERLIGADO"
1989 TIM BERNERS-LEE
INGLÊS NAVEGADOR
PÁGINAS
WWW

VÍRUS
REPLICAÇÃO
ARPANET SOFTWARE
"CAVALO DE TROIA"
CÓDIGO PROGRAMA CARREGAMENTO
1987
INTERRUPÇÃO DO SISTEMA
USO DE MEMÓRIA
ANTIVÍRUS

Em um Mind Maps®, o tópico principal aparece no centro do quadro e as ideias e informações relevantes se irradiam para fora. O quadro permite que você organize logicamente as informações, de modo que possa construir um discurso coerente e, ao mesmo tempo, criar um gatilho de memória visual.

Digamos que seu discurso seja sobre internet. Você escreve a palavra "internet" em um círculo, no meio de uma folha, ou talvez desenhe um computador. Para tornar seu mapa mental eficaz, você utiliza uma cor diferente para cada ramo principal que parte da imagem central. Será muito mais fácil examinar seu mapa se ele for codificado com cores, além de que ficará muito mais fácil de ser lembrado (pense em como seria difícil examinar o mapa de um sistema de metrô se as distintas linhas não fossem definidas por cores). Talvez você consiga utilizar marrom para *e-mail*, vermelho para vírus, verde para *world wide web*, amarelo para as origens da internet, e assim por diante. A partir de cada um desses ramos principais, subtópicos (sub-ramos) lhe ocorrerão. Você pode utilizar uma combinação de ícones e descrições com uma única palavra para organizar os subtópicos ao longo de seus respectivos ramos principais.

O mais importante acerca dessa ferramenta é que ela permite que seu cérebro funcione de maneira aleatória e criativa no planejamento de seus discursos, pois não está confinada às restrições da preparação linear. Você pode anexar tópicos e subtópicos à medida que ocorrem para você, sem ter de concluir um antes de passar para o seguinte. Assim que terminar, com todos os seus tópicos ao alcance da visão, poderá utilizar seu julgamento para definir sobre qual ramo vai falar primeiro e como prosseguir até abranger todos os ramos. Eu numero os ramos e sub-ramos para criar a ordem de apresentação mais natural e lógica.

Depois de você decidir como organizará seu discurso, faça uma lista numerada dos principais pontos, em ordem, usando os números em seu mapa mental como guia. Para um discurso curto, geralmente reduzo tudo a cinco itens (cada item representa de dois a cinco minutos de tempo de discurso), porém um discurso longo terá provavelmente até vinte itens. Depois de obter seus itens, você só precisa memorizá-los usando o método da jornada.

Aplicando uma jornada ao seu discurso

O método da jornada proporciona uma mnemônica perfeita para mantê-lo no rumo certo durante o discurso, pois você se imagina em deslocamento de ponto a ponto por meio da jornada. Se alguém interrompê-lo com uma pergunta, você pode voltar para a posição da jornada em que foi interrompido e recomeçar de onde parou.

Assim, depois de obter os itens, você precisa dar a cada um deles uma representação visual, a qual pode colocar em cada parada na jornada escolhida (possuo diversas jornadas preferidas associadas a discursos, que armazeno em meu banco de jornadas). Tento manter minhas sugestões visuais tão simples quanto possível, mas quando você começar, poderá sentir necessidade de reprisar uma pequena cena em sua mente, em cada parada, para se lembrar de certas coisas de que quer falar – por exemplo, uma data relevante.

No discurso sobre a internet, você pode começar com a informação a respeito de suas origens. Aceita-se como fato verdadeiro que a internet nasceu dos sistemas utilizados pelo Departamento de Defesa norte-americano. Se minha jornada começar em minha porta da frente, visualizo isso como Barack Obama pressionando um grande botão vermelho de pânico, que ocupa o lugar da campainha da porta. Isso é suficiente para ativar a pesquisa que fiz a respeito da estratégia de defesa específica para a qual a internet foi utilizada. Mas como consigo ter certeza de memorizar "1969", o ano em que tudo isso aconteceu?

Utilizando o Sistema Dominic, 1969 me dá AN e SN, que converto ao cientista sueco Alfred Nobel (famoso por causa do Prêmio Nobel) e ao ator Sam Neill. Imagino Alfred Nobel montado sobre um dinossauro (meu objeto referente a Sam Neill, que protagonizou o filme *Jurassic Park: o parque dos dinossauros*), chegando à porta para dar um prêmio para Barack Obama. Essas imagens são suficientes para me deixar falando por alguns minutos a respeito das origens da internet. Depois que começo o discurso, a memória visual do mapa mental volta para preencher alguns brancos. Enquanto isso, desloco-me mentalmente para a próxima parada de minha jornada e para o próximo item.

Aplicando o método da ligação

Tenho muitos clientes, desde personalidades da tevê até empresários e empresárias, que me procuram para ter ajuda regular a respeito de técnicas de memorização. Um desses clientes é um importante comediante britânico. Anos atrás, ele adquiriu o hábito de utilizar o *teleprompter* para ajudá-lo a se lembrar das piadas em seus números. O *script* exibido no *teleprompter* mostrava duas ou três palavras que descreviam a próxima piada. Inicialmente, o sistema funcionou bem: as dicas eram suficientes para ajudá-lo a seguir a sequência sem parecer que ele estava lendo o *teleprompter*. No entanto, gradualmente, a confiança em sua memória desapareceu e ele começou a usar cada vez mais palavras no *teleprompter*. Em vez de duas ou três palavras por piada, eram uma ou duas dicas para cada elemento de uma piada, o que significava que toda a rotina parecia cada vez menos natural. O *teleprompter* estava atuando como substituto para sua memória operacional. Depois que as incertezas se infiltraram, ele me procurou em busca de ajuda.

Eu lhe apresentei o método da jornada, e notei que ele era talentoso. Comediante com imaginação muito criativa, ele não sentiu dificuldade em usar a jornada mental para dividir os elementos de cada anedota e colocar um elemento por vez como imagem-chave codificada em um estágio pertinente de uma rota. Ele podia usar quantas dicas quisesse por piada, porque todas estavam em sua cabeça. Assim, o público jamais ficava com a impressão de que a rotina seguia um roteiro.

Contudo, o método da jornada sozinho não o ajudava a passar de uma anedota para a outra. Por isso, também incorporei o método da ligação (veja pp. 45-51): quando o comediante chega ao fim de uma piada (o fim de sua jornada), ele vê uma imagem-chave da próxima piada sugerida em sua imaginação e esperando por ele. Isso age como um gatilho da memória. Por exemplo, digamos que a anedota que ele está contando ocorre em um barco e a que vem a seguir envolve seu tio. Enquanto ele pronuncia a parte final da piada do barco, ele vê em sua imaginação seu tio parado na margem do rio em uma pose familiar. A imagem-chave de seu tio atua como um lembrete para a memória ou dica mental, permitindo-lhe passar com confiança para a próxima piada do repertório (e isso é suficiente para fazê-lo iniciar sua próxima jornada).

EXERCÍCIO 12: comediante de *stand-up*

Quantas vezes você ouviu um comediante repetir de memória uma série de piadas curtas e prometeu para si mesmo que se lembraria delas para contar aos seus amigos, mas, em seguida, esqueceu-se completamente delas? O método da jornada pode mudar isso para sempre. Crie uma imagem associada a cada uma das dez piadas a seguir e, depois, ligue essa imagem a estágios em uma jornada com dez paradas. Teste a eficácia de suas ligações apresentando um pequeno espetáculo de *stand-up* para um amigo receptivo. A repetição sucessiva de cinco ou seis piadas de memória é um bom índice; sete ou mais é excelente.

1. Como se faz para acordar em cima da hora? Coloque o despertador embaixo do travesseiro.
2. Por que o elefante não pega fogo? Porque ele já é cinza.
3. Qual é o cúmulo da força? Dobrar a esquina.
4. Um médico inventou um remédio que cura as dores antes de elas acontecerem. Qual é o nome do filme? O *"extermina a dor"* do futuro.
5. Dizem que o dinheiro fala mais alto. Geralmente, o meu diz: "Tchau!".
6. O que o próton disse para o elétron? "Hoje você está muito negativo".
7. Por que o cavalo usou o telefone? Para passar um trote.
8. O que é um pontinho preto no castelo? É a pimenta-do-reino.
9. Quem é o rei dos queijos? O (rei)queijão.
10. O que o cadarço disse para o tênis? "Eu me amarro em você".

Essa combinação de utilizar uma rota familiar para memorizar os elementos de uma anedota e o método da ligação para conectar as piadas garantiu-lhe um desempenho completamente refinado e convincente.

Naturalmente, trabalhar dessa maneira não serve apenas para rotinas de *stand-up*: também pode funcionar para discursos ou palestras longas. Por exemplo, se você estiver dirigindo uma sessão de treinamento para um grupo de novos funcionários em seu campo de trabalho, você terá diversos tópicos a tratar ao longo de uma manhã. A estrutura da empresa, o espírito do ambiente de trabalho, os principais deveres do trabalho, os sistemas telefônicos, e assim por diante, são todos aspectos de um novo emprego que você pode ter de transmitir. Da mesma maneira que um comediante cria uma jornada para uma piada específica e utiliza uma ligação para passar de uma anedota para a outra, você utilizaria uma jornada por tópico e, em seguida, aplicaria o método da ligação para evocar um símbolo visual do tópico seguinte ao fim de cada jornada. As possibilidades para o sistema são ilimitadas.

CAPÍTULO 25
A VIDA DE UM CAMPEÃO DE MEMORIZAÇÃO: COMO SER UMA FÁBRICA DE FATOS

No verão de 1993, tornei-me o "Homem da Memória" da Radio 2, excursionando com a estação por todo o Reino Unido, de modo que o público pudesse testar meus conhecimentos a respeito dos sucessos musicais dos quarenta anos anteriores. Uma vez por semana, o DJ pedia a uma pessoa da plateia do programa itinerante para gritar sua data de nascimento. Então eu tinha de dizer o título da canção que ficou em primeiro lugar na parada de sucessos naquela data, quem era o cantor ou compositor, quantas semanas a canção permaneceu no topo da parada e qual era a gravadora.

Por exemplo, se alguém gritava que a data de nascimento era 23 de fevereiro de 1956, eu dizia que a canção de maior sucesso naquela data era "Memories are Made of This", interpretada por Dean Martin. Ela permaneceu quatro semanas em primeiro lugar e foi lançada pela gravadora Capitol Records.

Como eu fazia isso? Para memorizar as canções de maior sucesso, dava a cada um dos quarenta anos sua própria jornada, a cada mês naquele ano uma área em uma rota e a cada canção de maior sucesso um estágio específico dentro daquela área. Em geral, existiam cerca de vinte canções de maior sucesso em cada ano; assim, o requisito total eram quarenta jornadas com cerca de vinte estágios (subdivididos em áreas mensais). Em cada estágio, eu colocava uma cena codificada para a data em que a parada de sucessos semanal era lançada, bem como o título da canção, o artista, a quantidade de semanas em primeiro lugar e a gravadora.

Dessa forma, para a canção de Dean Martin, o processo caminhou da seguinte maneira: a pessoa nasceu em 1956, então vou imediatamente para a minha rota especificada para aquele ano, que fica no andar superior da casa de meu cunhado. Preciso do mês de fevereiro, e sei que ele é representado pelo corredor. Assim, tenho minha posição para o ano e o mês. A data que me foi dada é 23 de fevereiro, que sei que cai na parada de sucessos semanal que começou em 21 de fevereiro. O dia 21 de fevereiro é representado pela dica visual de minha amiga Julia segurando uma chave (21 é a "chave da porta" na rima e Julia costumava carregar sempre um grande molho de chaves) e ela está parada junto à porta que dá acesso ao armário de roupas de cama do corredor. Dentro do armário, vejo um grande cérebro pulsante: é o meu gatilho para "Memories are Made of This". Conheço a aparência de Dean Martin; assim, ele também está ali e está usando um boné (*cap*, em inglês) branco (o que me dá Capitol Records). No entanto, ele não está parado junto ao armário, ele está em um veleiro – a vela tem o número-formato para 4 (veja p. 102), isto é, quatro semanas em primeiro lugar. (Se existir mais de uma canção em primeiro lugar em um mês, as outras canções aparecem em lugares diferentes daquele local, mas, por acaso, Dean Martin manteve sua posição no topo da parada durante todo o mês de fevereiro de 1956.)

Artifícios mnemônicos

A memorização de fatos e números por meio do Sistema Dominic e do método da jornada o transformará em um adversário temível em uma competição de conhecimentos gerais (também memorizei todas as respostas do jogo Trivial Pursuit), mas até artifícios mnemônicos simples possuem um lugar inabalável em nosso repertório de técnicas de memorização.

Palavra derivada do nome Mnemosine, deusa grega da memória, um mnemônico é qualquer artifício que ajuda a memorizar a informação. O método da jornada, o número-formato, o número--rima e todos os truques para memorização que você aprendeu até agora são todos sistemas de mnemônica. Eles ajudam a converter as informações em símbolos, imagens, palavras e frases significativas, de modo que nossas mentes consigam armazená-las com mais facilidade (por consequência, tornando-as mais fáceis de recapturar). Alguns dos sistemas mnemônicos mais simples são os mais úteis para armazenar fatos ou conhecimento geral. A seguir, apresento alguns dos meus preferidos.

EXERCÍCIO 13: diversão com cultura *pop*

Eis uma seleção dos dez maiores sucessos musicais do Reino Unido na década de 1980. Procure memorizar o ano em que cada canção alcançou o topo da parada musical. É muito mais fácil do que parece. Utilize o Sistema Dominic para converter os anos em letras, que você, então, pode empregar para criar associações com os títulos das canções. Por exemplo, para mim, 88 (HH) torna-se o lutador Hulk Hogan. Para ligar Hulk com a canção de maior sucesso, imagino-o lutando contra um macaco (*monkey*) e George Michael é o juiz da luta.

Você tem dez minutos para memorizar a lista a seguir. Ao terminar, de memória, escreva o nome das canções, seus anos e artistas. Atribua no máximo três pontos para cada canção (um ponto cada para ano, título e artista). Uma pontuação de 18 a 24 é boa; 25 ou mais é excelente.

1980 – "Rock with You" – Michael Jackson
1981 – "Physical" – Olivia Newton-John
1982 – "Eye of the Tiger" – Survivor
1983 – "Beat it" – Michael Jackson
1984 – "Jump" – Van Halen
1985 – "Heaven" – Bryan Adams
1986 – "Sledgehammer" – Peter Gabriel
1987 – "Open Your Heart" – Madonna
1988 – "Monkey" – George Michael
1989 – "Eternal Flame" – The Bangles

Acrônimos e acrônimos estendidos

VC, PQ, FDS – vivemos em um mundo em que enviar mensagens de texto, tuitar e mandar notícias pelo WhatsApp nos estimula a nos comunicar frequentemente de forma abreviada. Muitos de nós usamos letras iniciais como forma abreviada nas sentenças escritas – ou faladas – no dia a dia. (Aqueles poucos acrônimos acima significam "você", "porquê" e "fim de semana".) Mesmo se não envia mensagens de texto, você provavelmente fala de forma abreviada a respeito da CBN, do TDAH (transtorno do déficit de atenção com hiperatividade) e da TPM. Os acrônimos são até mais fáceis, pois utilizam as letras iniciais das palavras que se quer memorizar para formar outra palavra reconhecível. Por exemplo, lesão por esforço repetitivo torna-se LER.

Os acrônimos estendidos, por outro lado, pegam a letra de cada palavra para formar uma sentença memorável. Por exemplo, para memorizar os planetas que compõem o sistema solar (Mercúrio, Vênus, Terra, Marte, Júpiter, Saturno, Urano e Netuno), pense na frase "**M**eu **V**elho **T**io **M**andou **J**únior **S**aborear **U**mas **N**ozes".

Eis uma frase inventada para memorizar os elementos da fileira 1A da tabela periódica, junto de seus símbolos – ou seja, hidrogênio (H), lítio (Li), sódio (Na), potássio (K), rubídio (Rb), césio (Cs) e frâncio (Fr): "**H**oje **Li** **Na** **Ca**ma **R**obinson **C**rusoé **F**rancês" (no caso, o K do potássio seria equivalente ao som "ca").

Os acrônimos estendidos também são aproveitados por estudantes, que muitas vezes têm de se lembrar de termos complicados. Em biologia, por exemplo, para lembrar as fases da divisão celular (prófase, metáfase, anáfase e telófase), temos a frase: "**Pro****Me**to a **A**na **Te**lefonar".

Como você faria para usar um acrônimo estendido a fim de memorizar as nove musas da mitologia grega? (A propósito, elas eram as filhas de Mnemosine e de Zeus, rei de todos os deuses.) São elas:

CALÍOPE • CLIO • ERATO • TÁLIA • EUTERPE • MELPÔMENE • TERPSÍCORE • POLÍMNIA • URÂNIA

Gosto de pensar em artifícios mnemônicos, tais como acrônimos, como técnicas de memorização "de bolso": sistemas de memorização fáceis, que mantenho à mão para tornar mais fácil hospedar fatos conforme eu os coleto.

CAPÍTULO 26

UTILIZANDO AS FERRAMENTAS: ESTUDO E APRENDIZADO

Coletamos informação em todos os tipos de lugares. Se você é estudante, pode aprender com um professor em uma sala de aula ou sozinho com um livro, um filme educativo ou a internet. Se você é um executivo, ou até mesmo professor, terá relatórios, documentos de treinamento, publicações, etc. para ler e entender. Seja lá como você recebeu a informação, ela tem de ser armazenada a longo prazo, para que você possa recuperá-la sempre que precisar; seja para uma prova, seja para uma reunião ou para ensinar aos outros.

A maioria de nós fez a maior parte do aprendizado formal na escola. As estimativas variam em relação a quanto da informação que aprendemos na escola realmente lembramos por algum período de tempo. De acordo com a pesquisa do The William Glasser Institute, na Califórnia, retemos apenas 10% da informação que absorvemos da leitura, enquanto retemos aproximadamente metade da informação que vemos e ouvimos, e a experiência pessoal nos dá cerca de 80%. O estudo também mostra que, se ensinamos algo de maneira ativa, retemos cerca de 95% da informação que transmitimos aos outros.

Então, o que isso nos diz? Em primeiro lugar, e acima de tudo, diz que quando nos envolvemos ativamente em uma situação "viva", temos mais probabilidade de reter a informação. Em segundo lugar, revela que a experiência pessoal (que envolve ação e sentidos) tem muito mais probabilidade de levar ao armazenamento e à recuperação de longo prazo do que os métodos de aprendizado isolados, tais como a leitura. Ao ensinarmos informação, não só temos de repeti-la, mas também temos de entendê-la, o que reforça o aprendizado inicial, incorporando-o ao cérebro.

Para mim, existem quatro habilidades principais quando se trata de ter sucesso no aprendizado, independentemente do método:

- Absorver eficazmente o conhecimento.
- Anotar.
- Memorizar.
- Revisar.

Ler de modo eficiente e eficaz

A verdade é que a maior parte da informação que precisamos aprender para passar nas provas ou para realizar nosso trabalho provém da leitura, esteja você tentando aprender um tópico na faculdade ou estudando números para apresentar em uma reunião de equipe. Se quiser maximizar a eficiência do aprendizado a partir da palavra impressa, poderá pensar que ler de maneira mais lenta e cuidadosa, buscando reter cada detalhe, será o caminho a seguir. No entanto, estudos revelam que se você ler mais rápido, desde que faça isso adequadamente, a informação terá mais probabilidade de se fixar. O melhor método é usar um indicador para poder seguir as palavras enquanto as lê. Uma caneta, ou mesmo o dedo indicador, servirá. A pesquisa mostra que apontar para cada palavra enquanto você lê aumenta acentuadamente os níveis de concentração e também – talvez surpreendentemente – a velocidade com a qual se lê.

Anotando os pontos-chave

Recomendo que você leia durante vinte minutos seguidos antes de achar um ponto de parada adequado para que você possa fazer anotações. Você precisa identificar os pontos-chave do texto que leu e anotá-los em um papel. Um Mind Map® é o depósito visual perfeito para a informação que deriva da publicação impressa. Veja as páginas 176-179 a respeito de como criar um mapa mental para o seu tópico. O ideal é que você seja capaz de refinar sua leitura a partir da memória do que acabou de ler, sem voltar a olhar, o que diminuiria o ato de fazer anotações (mas não há problema se precisar voltar a olhar).

Memorizando os pontos-chave

Depois de obter os pontos-chave, você pode organizar a informação e codificá-la em algo que consiga memorizar. Faça isso exatamente da mesma maneira que lhe ensinei para memorizar discursos (veja pp. 179-180). Em seu mapa mental, numere os pontos principais de seu tópico, escreva-os em uma lista e, então, converta cada um em uma chave visual. Coloque cada chave visual ao longo de uma jornada com o número apropriado de estágios e rapidamente você terá memorizado os elementos importantes da informação que acabou de ler.

Memorizando datas

Se você estiver estudando história, literatura, economia ou geografia, ser capaz de memorizar datas de modo eficaz é fundamental. Digamos que você está estudando história e precisa adicionar à memória as datas mais importantes da Guerra de Independência dos Estados Unidos. A guerra começou em 19 de abril de 1775; a primeira grande batalha entre tropas britânicas e norte-americanas, a Batalha de Bunker Hill, ocorreu em 17 de junho de 1775; a marinha norte-americana foi criada para lutar contra os britânicos em 28 de novembro de 1775; em 9 de janeiro de 1776, o panfleto *Senso comum*, de Thomas Paine, foi publicado; então, em 4 de julho de 1776, finalmente ocorreu a declaração de independência norte-americana. Para memorizar essas datas e acontecimentos, você utiliza uma jornada predeterminada – talvez uma jornada perto de sua escola funcione bem – e, em seguida, codifica cada acontecimento e data em uma cena expressiva para cada parada. Assim, suponhamos que a primeira parada seja no portão da escola. A informação que você precisa colocar ali é 19 de abril de 1775, o início da guerra. Imagino uma pistola de partida sendo disparada no portão da escola e está chovendo torrencialmente (aguaceiros de abril). Imagino que minha amiga Anna (19 = NA, que me dá o gatilho sonoro para o nome Anna) está ali, parada sob um guarda-chuva. Nesse momento, só preciso utilizar o Sistema Dominic para adicionar o ano. Imagino o ex-vice-presidente Al Gore (17 = AG, iniciais de Al Gore) reclinando-se em uma confortável poltrona de couro e ficando totalmente encharcado pela chuva (75 = GE; meu amigo Gerry, que costumava assistir a filmes em sua poltrona de couro favorita, o que me dá o objeto). Sigo o mesmo processo para cada data e acontecimento, colocando-os em estágios consecutivos ao longo da rota, até que, finalmente, no salão da escola, tenho minha amiga Julie (julho) apertando a mão de Olympia Dukakis (OD = 04, para o quarto dia do mês), sobre o palco, em uma cerimônia formal com discurso (para denotar a declaração de independência). Al Gore (AG = 17) possui a feição de Gwen Stefani (76 = GS), que tem os cabelos descoloridos, e está parado ao lado do palco.

Revisando seu aprendizado

O "limite de esquecimento" (veja p. 164) – o ponto em que nossos pratos giratórios da memória começam a oscilar – existe, independentemente do que se está tentando memorizar. Esteja você estudando informações para uma prova ou para apresentar em uma reunião importante, saber quando e como revisar o que aprendeu é fundamental para assegurar que você minimize qualquer esquecimento quando estiver sob pressão. A regra de cinco (veja pp. 92-97) é meu método preferido de revisão, mas existem outros. Os cientistas identificaram diversos "efeitos" do cérebro durante o aprendizado. Eles podem ajudar-nos a entender por que a revisão é tão importante para o aprendizado e a recordação eficazes.

Os efeitos de primazia e recenticidade

Se você tentar memorizar uma lista de vinte itens sem usar nenhuma estratégia, as chances são de que os primeiros cinco a dez itens se fixarão com razoável facilidade. Isso é conhecido como efeito de primazia e funciona por causa de seus padrões de concentração durante o aprendizado. No começo de uma lista (ou de qualquer informação que você está estudando), você está mais atento e alerta. No entanto, quando seu cérebro começa a assimilar aquela informação para armazenamento, ele deixa de se concentrar na próxima onda de informação, levando a uma queda no aprendizado.

Após perceber que a informação está chegando ao fim, seus níveis de concentração tendem a aumentar novamente, pois seu cérebro antecipa o fim do período de concentração, que, até certo ponto, desperta-o. Isso é denominado efeito de recenticidade.

O efeito de recenticidade afeta sua memória e lembrança de diversas maneiras. Por exemplo, pode influenciar significativamente a memória de coisas que lhe aconteceram. Imagine que você teve um dia produtivo, mas corriqueiro, no trabalho, e está dirigindo pela cidade para voltar para casa. Você encontra dez semáforos. Os sete primeiros estão verdes e você passa direto por eles, mas os três últimos estão vermelhos e você tem de parar. Ao chegar à sua casa, seu cônjuge pergunta como estava o trajeto de volta e como foi o seu dia. Sua memória recente é ativada – o deslocamento foi demorado, porque os semáforos estavam contra você e, em geral, você teve um dia ruim. Na realidade, claro, essa é uma reflexão pobre do que realmente aconteceu, mas é a ideia que você tem em sua cabeça por causa de sua experiência mais recente.

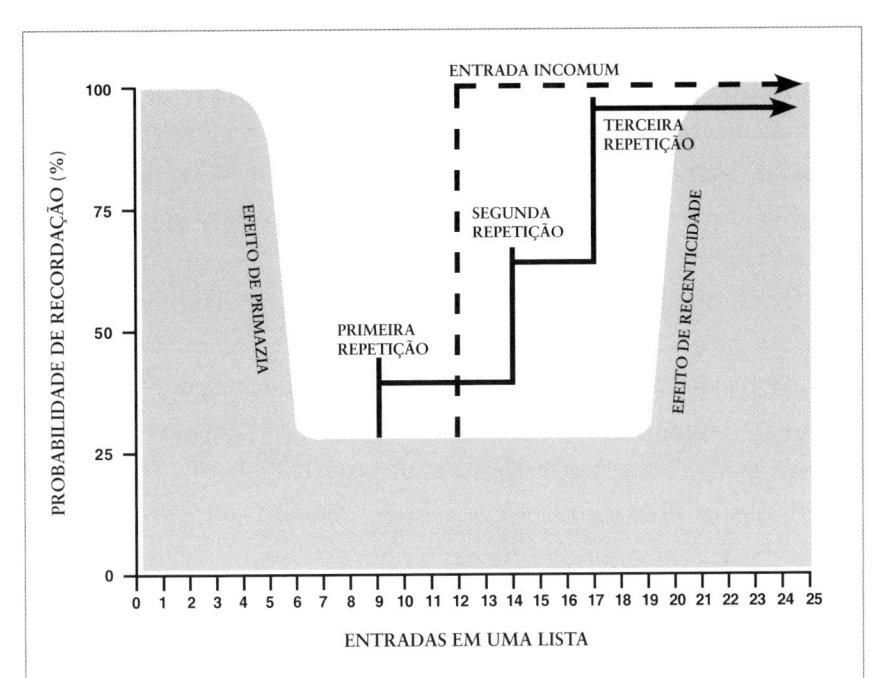

UTILIZANDO AS FERRAMENTAS: ESTUDO E APRENDIZADO 197

[Gráfico: Probabilidade de Recordação (%) vs Entradas em uma lista, mostrando Efeito de Primazia, Primeira Repetição, Segunda Repetição, Terceira Repetição, Entrada Incomum e Efeito de Recenticidade]

Esse gráfico mostra o que ocorre com os nossos níveis de concentração quando recebemos informações. Retemos com mais facilidade itens de uma lista que estejam no começo (efeito de primazia) e, depois, no fim dela (efeito de recenticidade) – o meio é o ponto em que o cérebro perde o foco, pois está ocupado assimilando tudo o que já foi ouvido. A informação (ou uma entrada) repetida torna-se mais memorável a cada repetição, e a informação incomum "desperta" o cérebro (veja pp. 80-82), fazendo os dados sobressaírem, tornando-os, assim, mais memoráveis.

Em um gráfico que expõe a atenção ao longo do tempo, os efeitos de primazia e recenticidade resultam em uma grande queda da concentração no meio (veja o gráfico acima), de modo que os níveis de recordação caem para cerca de 25%. No entanto, há diversas técnicas que os conferencistas ou palestrantes usam para assegurar que a queda seja minimizada e que a informação importante seja assimilada. A primeira técnica é a repetição: pense nas campanhas publicitárias que você escuta na rádio ou na tevê; com que frequência você ouve o nome do produto? Em geral, ele é repetido diversas vezes, mesmo em um período de trinta segundos, porque seu cérebro o absorve com mais disposição se escutar o nome mais do que uma vez.

Outra técnica frequentemente usada por conferencistas ou palestrantes é adicionar humor ou algo excêntrico ao discurso. Uma mudança estranha no ritmo ou no conteúdo proporciona um pequeno choque na memória, que desperta suas células cerebrais para mantê-lo alerta. O efeito von Restorff (veja pp. 80-82) é um choque de memória desses, sendo outra grande ferramenta para assegurar a maximização do aprendizado ao longo de um discurso ou de uma palestra.

Está tudo muito bem, é claro, mas isso não ajuda se você estiver estudando algo em uma publicação impressa. Nesse caso, fazer pausas regulares é fundamental. É muito melhor dividir seu tempo em seis turnos de estudo de vinte minutos do que tentar se concentrar durante duas horas completas antes de fazer uma pausa. É lógico que turnos curtos evitam o impacto negativo dos efeitos de primazia e recenticidade em sua capacidade de reter informação (e também de recordá-la).

Como regra prática, um período de estudo de vinte minutos seguido por um intervalo de quatro ou cinco minutos deve funcionar bem para minimizar a influência dos efeitos de primazia e recenticidade. Nos intervalos, sua memória apresenta uma série de reminiscências que consolidam seu aprendizado, enquanto você se ocupa com algo completamente não relacionado.

Revisando as revisões

Independentemente do que você está tentando aprender e do propósito, depois que leu a informação relevante, refinou em anotações e a memorizou, você precisa revisá-la eficazmente para assegurar que ela se fixe. Em 1885, o psicólogo alemão Hermann Ebbinghaus descreveu pela primeira vez a "curva do esquecimento", que indica a velocidade pela qual a memória perde dados após ter aprendido algo novo. A curva revela que a perda mais rápida de memória ocorre nas primeiras duas horas de memorização. Na prática, isso significa que, a menos que você revise e renove sua memória com regularidade durante o processo de memorização prolongado, você terá de reaprender a informação que chegou primeiro em uma data posterior. Se você revisar com regularidade enquanto memoriza, toda a informação que aprender irá incorporar-se profundamente à sua memória para uma melhor recordação de longo prazo.

Como revisar a informação eficazmente

Ao ler um livro e fazer anotações, é bastante fácil voltar as páginas se você acha que perdeu algo, mas como isso funciona se você tem de revisar a informação que escutou em uma reunião ou em uma palestra? Talvez você esteja fazendo um curso de treinamento para seu trabalho ou esteja fazendo provas. Ebbinghaus descobriu que se anotarmos enquanto escutamos e, depois, revisarmos as anotações imediatamente após o evento, conseguimos reter 80% ou mais da informação que recebemos. A palestra pode ser curta ou longa, desde que, depois de seu término, a primeira revisão das anotações aconteça imediatamente. Para a recordação ideal, ele concluiu que, depois

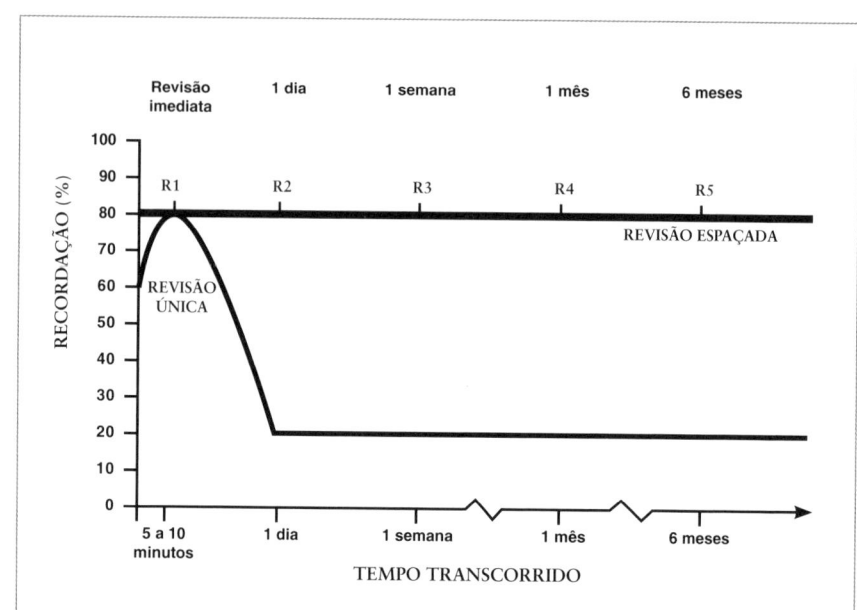

```
                Revisão        1 dia      1 semana       1 mês         6 meses
                imediata
         100
          90 ─
              R1              R2           R3            R4            R5
          80 ─
                                                         REVISÃO ESPAÇADA
          70 ─
          60  REVISÃO
              ÚNICA
          50 ─
          40 ─
          30 ─
          20 ─
          10 ─
           0
              5 a 10         1 dia       1 semana       1 mês         6 meses
              minutos
                                      TEMPO TRANSCORRIDO
```
(eixo vertical: RECORDAÇÃO (%))

Esse gráfico mostra o que acontece quando usamos uma estratégia de revisão espaçada, em comparação com a revisão única. Esta, realizada imediatamente após o aprendizado, mostra que a recordação da informação transmitida salta de 60% para 80%. No entanto, se não fizermos outras revisões, em 24 horas a recordação cairá drasticamente para apenas 20%, porcentagem em que permanece dentro de um futuro próximo. A informação que aprendemos originalmente teria de ser reaprendida antes de conseguirmos recordá-la de maneira eficaz para, por exemplo, um exame. Contudo, se adotarmos uma estratégia de revisão espaçada, voltando para a informação imediatamente e, em seguida, um dia, uma semana, um mês e seis meses depois, a recordação pode permanecer em 80%, correspondendo àquilo que Ebbinghaus chamou de "efeito de prática distribuída".

da primeira revisão, devemos fazer a segunda revisão um dia depois; a terceira, uma semana depois; a quarta, um mês depois; e a quinta, de três a seis meses depois (se o conteúdo for especialmente complexo). Ebbinghaus chamou isso de "efeito de prática distribuída" e observou que "com uma quantidade considerável de repetições, uma distribuição adequada delas em um intervalo de tempo é mais vantajosa do que a acumulação delas em um tempo único". A ilustração na página anterior mostra o efeito da prática distribuída como um gráfico. Ao espaçar as revisões da informação aprendida, aumentando os intervalos de tempo entre cada revisão, a recordação pode permanecer em níveis tão altos quanto 80%. Isso significa que você não precisa reaprender a informação quando tem de recorrer a ela de novo, pois já está incorporada à sua memória de longo prazo.

NO INTERIOR DE MINHA MENTE: QUANDO EU ERA ESTUDANTE

Lembro o período que antecedia meus exames escolares como semanas de estudo sôfrego: reaprender informações ensinadas meses antes, mas quase totalmente esquecidas, e tentar memorizar outras informações por meio do aprendizado mecânico de última hora. Muitos dos estudantes que encontro atualmente fazem exatamente a mesma coisa. Em particular, lembro-me do estresse de repetir palavras em espanhol inúmeras vezes, na esperança de que a maior parte delas se fixaria por tempo suficiente para eu chegar ao final de minhas provas oral e de vocabulário de espanhol. Apenas agora (quando, evidentemente, é muito tarde para fazer diferença em minhas notas) é que me dou conta de que a revisão deve ser um processo contínuo. Para se destacar no que aprendem, os estudantes precisam abandonar os exercícios de última hora e de redução de danos e, em vez disso, devem aplicar o processo de completar seu aprendizado com padrões de revisão. É por isso que acho tão importante dedicar algum tempo lhe contando sobre minhas estratégias de revisão, para que você consiga aplicá-las ao seu próprio aprendizado, na busca por uma memória incrível.

CAPÍTULO 27

UTILIZANDO AS FERRAMENTAS: MANEIRAS DE TREINAR A MEMÓRIA DIARIAMENTE

Se você quiser memorizar um baralho de cartas ou aprender o Sistema Dominic com cem personagens e ações, precisará dedicar um tempo à prática. No entanto, assim que você tiver os sistemas em vigor, as situações cotidianas fornecerão sessões de prática perfeitas para sua memória (além de ter uso prático). Não há necessidade de adiamento: aplique tudo o que você aprendeu até agora para melhorar sua memória e sua eficiência nas tarefas diárias.

Por exemplo, na próxima vez que você for às compras, memorize os itens de sua lista em vez de anotá-los em algum lugar. O método da jornada é excelente para isso. Escolha uma jornada que não atrapalhe a lista de compras: por exemplo, uma jornada perto de sua casa pode não funcionar muito bem, pois é provável que muitos itens da lista sejam destinados à sua casa, então você pode ter imagens conflitantes. Acho que um passeio a pé funciona bem, ou (para mim) um jogo de golfe. Então, codifique os itens da lista na jornada. Se a primeira parada for a escada na entrada de uma trilha de pedestres e o primeiro item de sua lista for um saco daqueles tomates que crescem em trepadeiras, talvez a escada esteja coberta com trepadeiras que gotejam o suco do fruto vermelho maduro e suculento. Você pode sentir o cheiro dos tomates quando se inclina para afastar um deles de seu caminho e subir a escada. Quem sabe a próxima parada seja uma ponte e você precisa memorizar "abacate"; eu imaginaria a ponte untada com a polpa verde escorregadia do abacate, dificultando a travessia. Quando você fizer sua compra, tudo o que precisa fazer é percorrer mentalmente a jornada, relembrar as imagens e, assim, recordar todos os itens que você precisa comprar.

Você é um viajante experiente? Ao chegar a um aeroporto, considero uma das coisas mais irritantes ter de procurar uma caneta para anotar o lugar onde estacionei o carro, exatamente quando preciso me concentrar para descobrir onde fica o ponto do ônibus e embarcar nele para alcançar o terminal a tempo de pegar o meu voo. Se você usar a mnemônica simples, não precisará de uma caneta. Por exemplo, na última vez que usei o aeroporto, estacionei no bloco C, na fila 8. No alfabeto fonético da Otan, Charlie representa C (alfa, bravo, charlie, delta, eco, etc.). Assim, codifiquei o C usando a imagem de meu amigo Charlie e o 8 usando o número-formato (um boneco de neve). Quando embarquei no ônibus, imaginei Charlie fazendo um boneco de neve no ponto de ônibus. A imagem me causou um pequeno choque mental, pois estava em minhas férias de verão, então o boneco de neve pareceu incongruente – melhor ainda para a memorização.

Depois de fazer o *check-in*, fui informado de que o embarque seria pelo portão 34. Para memorizar isso, criei a imagem de um rapaz, um amigo que costumava trabalhar em uma loja de discos, correndo até o portão para pegar o avião. Isso deriva do Sistema Dominic, em que o 3 e o 4 são representados pela terceira e quarta letras do alfabeto (C e D). O rapaz costumava vender CDs em uma loja e me propiciou um personagem para esse número durante muitos anos.

Embora esses cenários simples não estejam no mesmo nível que a memorização completa de baralhos, quando você começa a aplicar as técnicas que aprendeu em tarefas cotidianas, está exercitando seu cérebro, treinando-o na arte da memória.

Compromissos – mantendo uma agenda mental

Outra grande maneira de utilizar as técnicas que você aprendeu é manter uma agenda mental. Na maioria das vezes, tenho as datas de minha agenda de trabalho fixadas em minha mente e não sinto necessidade de anotá-las.

O Sistema Dominic é a maneira pela qual memorizo datas da agenda. Digamos que recebo o pedido para fazer uma apresentação no dia 22 do mês. Utilizando o Sistema Dominic, o número 22 converte-se em BB, que para mim representa um bebê. Desse modo, a imagem de um bebê se manifesta em minha cabeça assim que escuto a data. Se o compromisso é às 11 horas, imagino o tenista Andre Agassi (11 = AA) segurando o bebê. Se já tiver um compromisso marcado para aquele dia, já terei a imagem de outra pessoa segurando o bebê e saberei imediatamente se estou com a agenda cheia.

Lembre-se de que codificar os números em letras é uma escolha pessoal. O número 22 me dá um bebê, mas alunos que tive usaram Boris Becker, *Bugs Bunny* (o Pernalonga, em inglês), Bilbo Baggins, Barbara Bush e um familiar ou amigo com essas iniciais. Para o sistema funcionar adequadamente, os pontos de partida têm de ser pessoais.

No entanto, esse exemplo será satisfatório se a data cair no mesmo mês. Mas e se eu tiver de adicionar o mês na memorização? O mês é como o gradiente de uma colina para mim. Janeiro começa em nível baixo e à minha esquerda, então o gradiente começa a subir quando alcança meados de fevereiro e continua a ascender através dos meses da primavera.[1] Em julho, para os meses de verão, nivela-se um pouco e, então, assume uma inclinação pronunciada a partir de setembro e através dos meses que avançam até dezembro. Basicamente, "vejo" o tempo na colina; ela está tão bem esboçada em minha imaginação, que consigo localizar cada mês com precisão. Isso funciona para mim, mas sei por minhas conversas com alunos e clientes que as representações visuais do tempo variam radicalmente entre as pessoas. Algumas enxergam degraus; outras, um carrossel, enquanto outras ainda não possuem nenhuma representação visual em suas mentes (nesses casos, estações do ano ou outros gatilhos e associações, como Papai Noel para dezembro, podem proporcionar um sistema melhor, veja adiante).

Eu também "vejo" os dias da semana. É um pouco como estar no escorregador de um parque infantil. Domingo é o topo do

---

[1] As estações do ano estão de acordo com o hemisfério norte. (N. T.)

escorregador, onde estou sentado, e escorrego através dos dias da semana até sexta-feira. Então, sábado é a escada que subo para voltar ao domingo. De novo, minha imagem mental do escorregador é tão precisa que consigo localizar cada dia da semana. Por exemplo, "vejo" quarta-feira na metade do percurso de descida. No entanto, isso é totalmente pessoal e, como os meses, pode ou não ajudá-lo. Você precisa procurar em sua mente uma representação que ativa cada dia. Pode ser um escorregador, uma colina ou um carrossel. Se meus sistemas visuais não funcionarem para você, tente os mencionados a seguir.

• Associações com sons de palavras
Digamos que você é convidado para uma festa de aniversário na quarta-feira, 28 de março. Usando o Sistema Dominic, converto 28 em BH. Você pode se imaginar na cidade de Belo Horizonte (BH), comprando **quatro** maçãs na **feira** (quarta-feira) enquanto chove (são as águas de março, como na canção de Tom Jobim).

• Associações com imagens-chave
A codificação de meses em imagens-chave também é eficaz. Para lembrá-lo que sua filha vai se apresentar na festa de Natal da escola dia 21 de dezembro, você pode imaginar o ator Ben Affleck (21 = BA) aparecendo na escola vestido de Papai Noel. Nesse caso, não é a encosta da colina que dá dezembro, mas a imagem-chave de Papai Noel. Se você precisar memorizar que a data cai em uma sexta-feira, poderá adicionar uma imagem do Papai Noel segurando uma **cesta** (cujo som lembra "sexta").

A propósito, para memorizar a hora da apresentação, utilizo o relógio de 24 horas em combinação com o Sistema Dominic. Assim, se a apresentação começar às três e meia da tarde, converto isso em 1530, que decomponho nos pares de acordo com o Sistema Dominic: AE (= 15) + CO (= 30). Utilizo uma imagem complexa para colocar Albert Einstein atuando como apresentador de um *talk show* (minha ação para Conan O'Brien), no palco da escola de minha filha.

Eis uma lista completa de associações com imagens-chave que você pode usar para os meses do ano e os dias da semana.

MESES
Janeiro – uma amiga chamada Janaína, Ano Novo
Fevereiro – mês do Carnaval
Março – Chuva (por causa das "águas de março")
Abril – Uma porta que abriu
Maio – Maiô (peça de roupa de banho)
Junho – Festa junina
Julho – Júlio César
Agosto – Uma receita com sal "a gosto"
Setembro – Desfile da Independência (7 de setembro)
Outubro – Professor (Dia do Professor), Halloween
Novembro – Cemitério ou lápide (Dia de Finados)
Dezembro – Papai Noel

DIAS
Domingo – jornais de domingo, família (almoço de domingo)
Segunda-feira – Trabalho

Terça-feira – um triângulo (três lados = terceiro dia da semana)
Quarta-feira – um quadrado (quatro lados = quarto dia da semana)
Quinta-feira – um pentágono (cinco lados = quinto dia da semana) ou uma estrela (cinco pontas)
Sexta-feira – um hexágono (seis lados = sexto dia da semana) ou uma cesta de frutas (por causa dos sons parecidos no início das palavras)
Sábado – Passeio

Agora que você tem as ferramentas para memorizar seus compromissos, pratique o exercício da página a seguir.

Prosseguindo com a conversa

Embora tenham dito que tive dislexia na infância, acredito que um diagnóstico mais preciso de minha doença teria sido distúrbio de déficit de atenção (DDA). Não conseguia concentrar minha atenção em nada do que era ensinado: costumava observar o movimento das bocas de meus professores e sabia que eles estavam falando, mas minha mente estava longe, em um mundo imaginário, que me levava a qualquer lugar, exceto à sala de aula. Você talvez não se comportasse assim na escola, mas desconfio de que há pouquíssimas pessoas no mundo que podem dizer que jamais desligaram durante uma reunião, uma palestra ou até, quem sabe, uma peça, uma exposição ou um concerto especialmente enfadonhos.

EXERCÍCIO 14: mantendo uma agenda mental

Utilize sua imaginação para memorizar as informações a seguir. Inicialmente, teste suas habilidades de memorização apenas com datas e eventos. Teste-se tentando se lembrar de cada evento quando só puder ver a coluna de datas. Ao se sentir seguro, pratique o exercício de novo, também adicionando o dia e o horário. Depois de concluir a memorização, cubra tudo, exceto as datas, e teste sua lembrança a respeito dos eventos, dias e horários. Atribua um ponto para cada evento, dia e horário corretos (três pontos por data, no máximo). Uma pontuação de 7 a 10 é boa; de 11 a 15 é excelente. (Deixei os eventos fora da ordem cronológica, pois os compromissos raramente aparecem seguindo uma linha do tempo.)

DATA	EVENTO	DIA	HORÁRIO
16 de outubro	Exposição de Dalí	Quarta-feira	19h00
31 de maio	Gerente do banco	Sexta-feira	15h00
8 de agosto	Teatro	Sábado	19h30
22 de abril	Dentista	Quarta-feira	16h15
13 de março	Oculista	Segunda-feira	9h20

Como teste extra, cubra a página e responda às seguintes perguntas:

- O que você se comprometeu a fazer em 31 de maio e em que horário?
- Qual é a data, o dia e o horário de sua visita à exposição de Dalí?
- O que vai acontecer em 8 de agosto?
- Qual é a data, o dia e o horário de sua consulta com o dentista?
- Qual é a data, o dia e o horário de sua consulta com o oculista?

É um pouco constrangedor dizer que minha incapacidade de concentração também se estendia a conversas com meus amigos e familiares. Por anos, já estando em plena adolescência, eu era descrito como o "velho e sonhador Dom". É difícil de explicar, mas não era como algo voluntário. Eu não tinha consciência de que estava ficando ausente da conversa. Simplesmente acontecia. Mesmo se eu tentasse ficar em sintonia, minha mente divagava. Manter-se a par de uma conversa é uma habilidade maravilhosa de se ter, independentemente do que você faz (por exemplo, os políticos e os advogados precisam disso para ser bons em seus trabalhos; as demais pessoas devem comportar-se assim simplesmente por boa educação). E também é um jeito excelente de praticar suas habilidades de memorização na vida diária.

Anos de estudo científico revelaram que, em comparação com os cérebros das pessoas sem DDA, os cérebros com distúrbio de déficit de atenção possuem atividade elétrica menor no córtex pré-frontal e circulação sanguínea cortical lenta. Acredita-se que esses são os motivos pelos quais as pessoas com DDA têm tanta dificuldade de se concentrar.

Hoje em dia, os médicos prescrevem medicação estimulante para tentar controlar o distúrbio nas crianças. O objetivo é acelerar a atividade cerebral apenas o suficiente para favorecer a atenção e a concentração, sem provocar algum comportamento errático.

A medicação não cura, mas parece aliviar os sintomas do DDA. No entanto, os remédios não existiam em minha infância e acredito que superei minha doença como resultado do treinamento de minha memória. Atualmente, sou capaz de escutar e reter o conteúdo de uma conversa ou reunião independentemente do quão fatigante possa ser. Há vezes em que fico disperso – como todos nós –, mas a diferença é que tenho uma escolha quanto a isso. Em outras palavras, fico disperso porque quero, não porque não consigo impedi-lo.

Nesse caso, há duas coisas acontecendo. Primeiro, acredito que o treinamento de minha memória aumentou minha capacidade de concentração. No entanto, também sou apto a usar as habilidades de minha memória para permanecer sintonizado nos detalhes da informação que estou recebendo. Mas como?

Ao escutar alguém falar, tente sintetizar segmentos da conversa, convertendo-os em imagens-chave. Em seguida, fixe as imagens em sua mente na ordem correta; acho que, para uma conversa curta, o sistema de número-formato funciona melhor (como veremos daqui a pouco), embora você possa preferir utilizar uma jornada (uso jornadas para reuniões ou conversas mais longas). Se a conversa tiver números nela, ou fatos e figuras, você pode utilizar algum sistema mnemônico exposto neste livro – incluindo o Sistema Dominic – para memorizar a informação.

O sistema de número-formato pode ser usado como mencionado adiante. Digamos que minha assistente me telefona a respeito de uma reunião que vou ter com um cliente. Para memorizar a informação que ela me dá sem necessidade de caneta ou papel, eu numero mentalmente cada detalhe. Cada número torna-se um número-formato, que me dá a posição do detalhe e algo que possa interagir com a associação feita para o detalhe em si. Basicamente, utilizo o número-formato como um "gancho" em que penduro as informações na ordem correta. Eis um exemplo:

"Oi, Dominic, acabei de receber a confirmação do hotel onde você vai se hospedar hoje à noite. É o Victoria Hotel, na Rua das Flores."

1. Imagino a rainha Vitória segurando uma vela ao lado de um jardim. Meu número-formato para 1 é uma vela e o jardim me ajuda a lembrar o nome da rua.

"Quando você chegar lá, pergunte na recepção a respeito de seu cliente, o senhor Barros. Ele vai levá-lo para almoçar e vocês poderão discutir o contrato."

2. Imagino um cisne (número-formato para 2) se banhando dentro de um grande vaso de barro.

"Só para você saber: o senhor Barros é aficionado por tiro ao alvo e seu restaurante preferido é o Coqueiral, que é aonde ele vai levá-lo para almoçar."

3. Minha imagem é do meu cliente usando algemas (meu número--formato para 3), enquanto me imagino atirando em cocos.

"Assim que você acertar um preço com o senhor Barros, gostaria que você me enviasse uma mensagem de texto no número 3512."

4. Imagino-me em um barco (número-formato para 4), com Clint Eastwood (35 = CE) empunhando uma espada. Clint está

usando a ação de Antonio Banderas (12 = AB), protagonista do filme *A máscara do Zorro*.

Consigo construir essas imagens em minha mente instantaneamente, mas isso se alcança com a prática. Tente memorizar os pontos-chave da próxima conversa que você tiver. Nesse caso, você não só irá impressionar a pessoa com quem estava conversando, recordando-se de tudo o que ela disse, mas também irá iniciar uma prática de memorização importante.

CAPÍTULO 28

UTILIZANDO AS FERRAMENTAS: SÓ POR PRAZER

Falamos do lado sério do treinamento de sua memória: o estímulo para a confiança e a autoestima, a melhoria da criatividade, etc. Também falamos de como você pode aplicar as técnicas para facilitar a vida diária. No entanto, ter uma memória incrível também é muito divertido. Fazer truques em festas para os seus amigos não é só uma maneira de exibir a capacidade de memória, mas também é uma oportunidade perfeita para praticar. Frequentemente, vou a festas ou cerimônias nas quais sei que vou ser solicitado a realizar algum feito de memorização para impressionar as pessoas. Eis alguns dos meus truques preferidos de memorização, só por prazer.

Escolha uma carta... Qualquer carta

O truque óbvio que uso inicialmente em qualquer festa é um truque com cartas. Você precisa ter memorizado um baralho usando o método da jornada antes de chegar. Além disso, você tem de resistir ao impulso de pedir para alguém embaralhar as cartas (tenha alguns gracejos na manga para rebater qualquer pessoa inoportuna que queira pegar as cartas de você para embaralhá-las).

Tire o baralho do bolso e o abra em forma de leque com as cartas viradas para baixo. Peça para uma pessoa pegar uma carta aleatória do baralho em forma de leque. Quando ela removê-la, espie a carta sobre aquela que foi removida. Digamos que você espiou a rainha de paus. Examine sua jornada predeterminada para encontrar o personagem para a rainha de paus. Em seguida, desloque-se para um estágio à frente para descobrir a carta que foi removida do baralho. Anuncie sua resposta.

Se você ficar bom nisso, poderá tentar uma variação. Deixe que alguém corte o baralho (cortar, mas sem embaralhar). Enquanto você espia a nova carta na posição inferior do baralho, você pode impressionar a plateia dizendo-lhe que sabe qual é a nova carta na posição superior: anuncie isso e deixe alguém desvirar a carta, obtendo suspiros de admiração. Na teoria, você pode prosseguir, anunciando carta após carta, em ordem, até o fim do baralho. Tudo o que você precisa fazer é começar a jornada da posição da nova carta no topo, em vez da posição da primeira carta original do baralho. (Se quiser ser realmente convincente, no início do truque peça para que as pessoas continuem cortando o baralho – desde que você fique de olho na carta na posição inferior e não mude a sequência das cartas em cada cortada, ainda será capaz de anunciar as cartas em ordem.)

Um outro truque com cartas é identificar uma carta ausente do baralho. Você memoriza o baralho, como anteriormente, antes da festa. Então, virado de costas, peça para alguém remover uma carta do baralho, sem mexer nas outras cartas. A pessoa põe a carta no bolso, fora do alcance de sua visão. Vire-se e lhe peça para desvirar cada carta do baralho lentamente, uma sobre a outra, na sua frente. Enquanto a outra pessoa dá as cartas, você percorre mentalmente sua jornada. Quando chegar à carta ausente, você saberá, pois estará esperando ela aparecer no próximo estágio de sua jornada, mas, na realidade, as cartas dadas pularão um estágio. Não revele sua resposta até todas as cartas terem sido viradas, para prolongar o suspense.

Gênio literário

Em uma festa, as pessoas esperam que eu memorize um baralho de cartas, ou nomes e rostos, mas um dos meus truques favoritos é um pouco mais incomum. Se você quiser realmente desconcertar sua plateia, memorize o conteúdo de um livro; ou, ao menos, aparente memorizar.

Inicialmente, peço ao meu anfitrião para me dar um livro de cerca de cem páginas. Pego o livro, viro as páginas, uma por uma, e, depois de cinco ou seis minutos, entrego o livro para um convidado. Afirmo que li todo o livro e o memorizei. Peço para o convidado voltar a me procurar em uma hora, aproximadamente, com o livro na mão, acompanhado de quem quiser ver minha memória em ação. Depois, peço-lhe para ler as primeiras linhas de uma página escolhida ao acaso no livro. As linhas são lidas para mim e, então, digo aos ansiosos convidados a página à qual o texto pertence.

Como isso é feito? Bem, quando viro as páginas depois de receber o livro, memorizo uma única palavra na primeira linha de cada página, começando na página um. Leio a linha superior para localizar uma palavra que acho que estabelecerá uma imagem forte e individual com facilidade. Usando o método da jornada (preciso de uma jornada, ou jornadas, com um número de estágios igual ao número de páginas do livro), fixo as imagens, em ordem, aos estágios ao longo de minha rota. Para o truque funcionar, a primeira página do livro tem de corresponder ao primeiro estágio da jornada, a segunda página ao segundo estágio, e assim por diante, para eu poder utilizar a posição numérica da imagem que vai me dar o número da página. Durante o tempo em que o livro estiver em poder do convidado, faço uma revisão rápida das palavras-chave e de suas imagens-chave correspondentes, de modo que eu me sinta seguro de que poderei realizar o truque.

Claro que, para realizá-lo de modo satisfatório, você precisa conhecer sua jornada para a frente e para trás e a posição numérica dos estágios-chave em relação aos outros estágios da jornada. Se utilizar duas jornadas com cinquenta estágios, uma após a outra, para lhe dar cem estágios, precisará ter a prática de converter o segundo conjunto de cinquenta estágios nos números de página maiores.

No entanto, você não precisa saber a posição numérica exata de cada estágio, desde que você tenha os marcadores-chave. Por exemplo, ao longo da rota que geralmente utilizo para esse truque, sei imediatamente quais são os 1º, 5º, 11º, 13º, 15º, 21º e 26º estágios. Os números 1, 5 e 15 parecem marcadores lógicos para ter. Então, o 11 se sobressai para mim porque os dois números 1 parecem corrimões, enquanto o 13 é "azarado" e o 21 é a "chave da porta"; assim, esses números também se fixam em minha mente. Finalmente, 26 representa o ponto no meio de um baralho. A partir desses marcadores, posso caminhar para a frente ou para trás, para o número de página de que preciso.

Por exemplo, digamos que utilizei minha jornada preferida para a memorização do livro, aquela que percorre o vilarejo onde passei minha infância. Começa em nossa antiga casa, cruza um descampado até a hospedaria do vilarejo, depois leva a um campo de críquete e termina no interior de um centro comunitário. Há cem estágios, no total. Se alguém lê a primeira linha de uma página ao acaso e eu registro a palavra "violino", a imagem de um violino aparece de imediato em minha mente em seu estágio pertinente. Digamos que o violino esteja apoiado em um carvalho, que é meu estágio pouco antes de alcançar o campo de críquete. Sei que o campo é o estágio 21 de minha jornada e que o carvalho se situa dois estágios antes. Se eu voltar dois estágios em relação ao campo de críquete, alcanço o 19. Assim, a palavra violino aparece na página 19. Eu voltei duas paradas a partir do marcador mais próximo, em vez de avançar dezenove estágios desde o início da jornada. Quanto mais rápido você chegar à resposta, mais impressionante é o truque.

Após ficar especialista nisso, você poderá colocar duas imagens em cada estágio da jornada, para poder memorizar livros maiores. No entanto, sempre assegure a ordem correta na interação de cada par de imagens. Se as palavras-chave de páginas consecutivas são "sopa" e "sapo", imagino a sopa sendo despejada sobre o sapo; mas se a ordem fosse "sapo" e depois "sopa", imagino o sapo saltando para dentro da sopa. A primeira palavra de um par de páginas sempre é o sujeito e a segunda sempre é o objeto da imagem que coloco ao longo da rota. Embora isso pareça complicado, não levei muito tempo para dominar o truque. Só precisei certificar-me de que havia organizado apropriadamente minhas rotas e de que havia tido um pouco de prática na matemática envolvida na colocação de duas imagens (duas páginas) em cada estágio da jornada.

Também é possível (e talvez seja mais impressionante) inverter o truque, isto é, fornecer um resumo do que há em uma página se me derem o número dela. Leva um pouco mais de tempo, pois preciso ler uma quantidade maior de texto em cada página para obter uma noção da história. Depois de ter o panorama da página, codifico-o em uma cena geral para colocar ao longo da jornada. Quando alguém me diz o número da página, consigo apresentar um resumo de seu conteúdo.

Tornar-se realmente ágil nisso exige alguma prática, mas garanto que vale a pena, pelo impacto sobre a plateia deleitada. Comece com apenas trinta páginas de um livro e desenvolva até um romance completo, quando você ganhar confiança e habilidade.

CAPÍTULO 29

A IDADE EQUIVALE À EXPERIÊNCIA, E NÃO AO ESQUECIMENTO

Tinha 34 anos quando participei do primeiro Campeonato Mundial de Memória, em 1991. Acredito que minha memória está em uma condição muito melhor atualmente do que estava há vinte anos. Hoje, tenho 54 anos, e, enquanto muitos de meus colegas se queixam que suas memórias estão começando a piorar, eu certamente não posso dizer o mesmo. Acredito que meu trabalho constante com técnicas de memorização – quer eu esteja ensinando, quer esteja treinando, apresentando-me ou competindo – manteve minha capacidade de recordação e concentração em ótima forma. De fato, até iria mais longe, afirmando que minha memória ainda está melhorando.

Assim, se você estiver querendo saber se é verdade ou não que, quando envelhecemos, nossas habilidades cognitivas começam a declinar, ficará bastante claro que, no que me diz respeito, isso é absurdo. Em minha opinião, uma memória em definhamento tem a ver com falta de motivação (talvez enfado com a vida ou depressão), ansiedade e saúde debilitada, mas não tem a ver com o *hardware* de seu cérebro.

Desde 1986, o epidemiologista David Snowden vem monitorando a vida de 678 freiras idosas, em Minnesota, Estados Unidos, para tentar medir os efeitos do envelhecimento sobre a capacidade mental. As voluntárias têm entre 75 e 104 anos, e, como compartilham as mesmas condições de vida, tornam-se um grupo de estudo ideal.

Talvez previsivelmente, Snowden constatou que uma dieta equilibrada estava diretamente ligada ao envelhecimento e à longevidade saudáveis. Além disso, as freiras com uma atitude positiva diante da vida apresentaram um risco menor de ter dificuldades mentais relacionadas à idade. No entanto, sua descoberta mais notável foi que há uma correlação entre uma mente curiosa e a incidência reduzida de Alzheimer. Em particular, as freiras que liam e escreviam desde cedo, e que se expressavam tanto verbalmente quanto por escrito, viviam mais e tinham menos propensão à demência. Os exercícios mentais e físicos regulares também desempenharam papel significativo, assim como a paixão pela leitura e o envolvimento com a comunidade.

Assim como todos os outros órgãos de seu corpo, seu cérebro, para ser saudável, precisa que você siga os princípios gerais de um estilo de vida virtuoso e saudável. Exercícios físicos, nutrição adequada, estímulo intelectual e tempo para relaxamento são elementos que desempenham um papel importante para assegurar que você permaneça mentalmente afiado.

O cérebro precisa de oxigênio

O cérebro não pode funcionar sem oxigênio, o que significa que a circulação sanguínea precisa estar em ótimas condições. De longe, exercícios físicos são o melhor método para estimular a circulação e deixar o cérebro plenamente nutrido de oxigênio. Diversos estudos evidenciam que os exercícios melhoram a função cerebral, mas também sei, a partir da experiência pessoal, que, se me sinto fisicamente em forma ao participar do Campeonato Mundial de Memória, sou capaz de desfrutar de níveis de concentração maiores e tenho muito mais energia para conseguir atravessar os três dias de desafios mentais exaustivos. Neste livro, as técnicas, se postas em prática, podem aumentar consideravelmente a eficiência da memória. No entanto, se você também combinar treinamento mental com exercícios físicos, aumentará a velocidade de funcionamento da memória. Se preferir, as técnicas de memorização são o *software* do cérebro, mas o *hardware*, o corpo, precisa estar em boa forma para que o *software* possa funcionar adequadamente.

Em minha vida, exercício físico não significa levantar pesos; isso não é para mim. Posso caminhar quilômetros toda semana no campo de golfe e levar meu cachorro para caminhadas diárias, mas, quando estou treinando para uma competição de memória, prefiro correr. A curto prazo, o ato de correr regula minha respiração, assegurando que meu cérebro e meus músculos obtenham oxigênio suficiente, e que também liberem hormônios que proporcionam uma sensação de bem-estar (endorfina), que ajudam a me manter relaxado (veja a seguir) e positivo. Alguns estudos revelam que, em longo prazo, alguns exercícios aeróbicos – incluindo corrida –, que o deixam levemente sem fôlego, podem ajudar a nutrir as células cerebrais. Além disso, um estudo em camundongos realizado na Universidade de Cambridge, na Inglaterra, em 2010, concluiu que o ato de correr pode estimular a formação de novas células cerebrais, aumentando o tamanho do cérebro, especificamente na região do hipocampo – a parte associada à memória e ao aprendizado (veja pp. 78-79).

Quando estou treinando para uma competição de memória, faço um café da manhã leve e muito energético (por exemplo, consumo uma tigela de mingau) e, depois, corro por cerca de trinta minutos, três ou quatro vezes por semana. Sempre cronometro minhas corridas para obter uma medição de minha condição física: quanto mais rápido percorri certa distância, mais em forma sei que estou ficando. (Veja pp. 231-233 para um exemplo integral de meu treinamento diário.)

O doutor Gunther Karsten, campeão de memória alemão e vencedor do Campeonato Mundial de Memória, leva o treinamento físico muito a sério, como parte do regime de treinamento cerebral. Em suas palavras: "70% de minha preparação envolve treinamento da memória, os outros 30% do tempo reservo para o treinamento do corpo". Esse especialista no uso da memória anda de bicicleta, joga tênis e futebol, faz exercícios abdominais e de barra fixa, levanta pesos e corre, para manter o corpo e o cérebro em forma.

Você não precisa fazer tudo isso, é claro, mas para manter a memória em condição superior, é uma boa ideia achar um tipo de exercício físico adequado para você e torná-lo elemento regular de sua rotina. Em geral, de vinte a trinta minutos de exercícios que elevam a frequência cardíaca o suficiente para deixá-lo um pouco sem fôlego, duas ou três vezes por semana, é um bom começo. Se conseguir fazer mais do que isso, você se beneficiará por inteiro, incluindo seu incrível cérebro.

O cérebro precisa de tranquilidade

Pense em como sua mente fica quando você está estressado. Se você for como eu, tem uma sensação de quase loucura, de tanto que não consegue pensar claramente. Agora imagine se sentir assim e, em seguida, ir para uma competição de memória. Isso não pode acontecer! Há uma ampla explicação científica para os efeitos do estresse sobre a função cerebral (e especificamente sobre a memória). Os hormônios do estresse, especialmente o cortisol (também conhecido como hidrocortisona), inibem o desenvolvimento de novas células cerebrais. A região hipocampal do cérebro – a parte referente à memória – é uma das poucas regiões do cérebro capazes de desenvolver novas células. Assim, o estresse afeta diretamente a capacidade de memorizar e recordar.

Há diversos modos de reduzir os efeitos do estresse sobre o corpo. O primeiro, e para mim o mais importante, envolve exercícios físicos regulares, como já disse. A atividade física reduz a produção de hormônios do estresse e também libera poderosas endorfinas que melhoram o humor, proporcionando um fator de bem-estar que mantém a mente clara e a confiança em níveis elevados. Ao longo da vida, aprendi que um pouco de confiança pode contribuir muito no caminho para o sucesso. E, atualmente, nas provas de alto nível dos campeonatos de memória, a diferença entre o primeiro colocado e o segundo pode ser caracterizada por quão confiante o competidor está se sentindo no dia. Embora a lógica seja um tanto circular, também uso o método da jornada como ajuda para relaxar. Qualquer atividade que mobiliza totalmente o cérebro e estimula a ignorar a confusão interna, constante e torturante, que tão frequentemente é causa do estresse, é uma maneira excelente de ocasionar um estado de tranquilidade. Para mim, algumas rodadas de memorização de cartas usando o método da jornada fazem exatamente isso.

Finalmente, uma de minhas maneiras preferidas para relaxar é por meio da música: eu toco piano e tenho um pequeno estúdio de gravação em casa, onde componho e gravo minhas próprias canções.

O cérebro precisa de boa alimentação

A comida que você consome supre o cérebro com nutrientes essenciais para manter os neurônios estimulados, de modo que possam comunicar-se mutuamente de maneira eficiente. Os nutrientes-chave para o cérebro são os ácidos graxos ômega-3 e ômega-6 (as chamadas gorduras essenciais, que só podem ser obtidas nos alimentos), e também as vitaminas do complexo B, especialmente a colina, e a vitamina C, que juntas ajudam o corpo a produzir o neurotransmissor acetilcolina. Estudos revelam que a linha de produção de acetilcolina do organismo fica frequentemente prejudicada em pacientes com Alzheimer, o que sugere que esse composto químico possui uma forte ligação com a eficiência da memória.

Ovos, aves, abacates, sementes de linhaça e sementes de abóbora estão entre as melhores fontes de ômega-6, enquanto peixes gordurosos, como salmão, atum e cavala, e a maioria dos óleos de nozes proporcionam quantidades satisfatórias de ômega-3. Procuro consumir peixes gordurosos duas ou três vezes por semana (muitas vezes com salada, no almoço) e belisco nozes e sementes, em vez de chocolates ou batatas fritas, que são ricos em gordura saturada – uma forma prejudicial de gordura, a qual, acredita-se, reduz a motivação e anuvia a inteligência. Os peixes gordurosos e os ovos também são boas fontes de colina. Entre outras boas fontes, incluem-se couve-flor, amêndoas e soja.

As vitaminas do complexo B (sobretudo B1, B5 e B12) parecem melhorar a função cerebral geral, incluindo a memória. A falta de vitaminas do complexo B também pode levar a desânimo, ansiedade e depressão. Uma dieta rica em grande variedade de frutas e legumes proporciona níveis satisfatórios de todas as vitaminas do complexo B de que você precisa, assim como atum, peru, castanha-do-pará e grãos, como grão-de-bico. No entanto, você também pode consumir um suplemento de vitaminas do complexo B, como eu faço, para reforçar. Eu compro a melhor marca disponível e sigo as instruções do fabricante a respeito da dosagem.

As frutas e os legumes desempenham outro papel importante em uma dieta saudável. Quando o corpo metaboliza os alimentos para proporcionar energia, eles passam por oxidação, a qual produz radicais livres – subprodutos que fragmentam as células corporais, provocando envelhecimento, doenças graves (como câncer) e destruição das células cerebrais. No entanto, a ajuda está à mão: os radicais livres são neutralizados por alimentos ricos em antioxidantes, em particular as vitaminas A, C e E, e os minerais zinco e selênio. Amoras, mirtilos, brócolis, ameixas, ameixas secas, uvas-passas, framboesas, espinafre e morangos são boas fontes de antioxidantes, e também são alguns dos meus alimentos preferidos.

NO INTERIOR DE MINHA MENTE: ERVAS PARA OS NEURÔNIOS

Sou grande fã da ginkgo biloba, *cujo extrato herbal, conforme estudos revelam, pode melhorar a circulação sanguínea no cérebro. A* ginkgo *é um vasodilatador: dilata os vasos sanguíneos, permitindo que o sangue flua com mais liberdade pelo sistema circulatório e inibindo as substâncias químicas que espessam o sangue, melhorando a circulação. Se a circulação no cérebro melhorar, mais oxigênio e nutrientes essenciais serão transportados ali e, portanto, o cérebro será alimentado de modo mais eficaz. A* ginkgo *também é um antioxidante poderoso, ajudando a desativar os radicais livres que podem destruir as células corporais e contribuir para o envelhecimento. Prefiro consumir a erva em forma de cápsula, mas ela também está disponível em comprimido. Compro o melhor extrato que consigo encontrar, pois, assim como muitas coisas na vida, o barato pode sair caro.*

O cérebro precisa de moderação

Ninguém gosta de um desmancha-prazeres, mas acredito que, para manter o cérebro funcionando em sua melhor forma, é necessário ter moderação. O álcool, por exemplo, é um arqui--inimigo do poder cerebral. Beber em excesso com regularidade inibe o funcionamento do hipocampo, o que significa que a memória sofre como consequência direta do consumo do álcool. Quando não estou treinando para um campeonato de memória, saboreio ocasionalmente uma ou duas taças de vinho Sauvignon Blanc, mas durante o treinamento – isto é, durante pelo menos dois meses antes da competição – abstenho-me completamente do álcool.

O cérebro precisa de coisas para fazer

Jovem ou velho, o cérebro precisa de estímulo para funcionar em sua melhor forma. Isso é tão verdadeiro para uma criança como é para o resto de nós, em nossos 20, 30, 40 anos e além. Meus pais sempre me deram brinquedos que fomentaram meu espírito inato de curiosidade e descoberta. Eles cuidaram de me propiciar atividades para expandir minha mente, em vez de meramente entretê-la. Peças de montar, quebra-cabeças, lápis de cor, massa de modelagem, um laboratório de química infantil e (talvez previsivelmente) um baralho de cartas permitiram horas intermináveis de brincadeiras estimulantes.

Lembro que, quando tinha cerca de 6 anos, perguntei à minha mãe se ela me compraria um brinquedo de corda colorido e brilhante que tinha visto na vitrine de uma loja. Ela não me comprou, mas teve o cuidado de me explicar o motivo. Disse-me que era necessário dar corda no brinquedo, para ele percorrer seu caminho e depois parar – e isso era tudo o que ele fazia. Segundo minha mãe, eu me entediaria com ele depois de usá-lo poucas vezes. Ela tinha razão, e eu sabia. Era muito melhor me divertir com brinquedos que prendiam minha atenção, pois exigiam uma contribuição real de meu cérebro.

Na maturidade, tenho meu maravilhoso trabalho – o jogo da memória – para manter meu cérebro em forma. O melhor de tudo, continuo lutando pelo nível de excelência que me mantém na dianteira de meus concorrentes, o que significa que as técnicas de memorização e todos os exercícios que faço para manter minha mente ágil nunca param, ao contrário daquele brinquedo de corda. Embora existam dezenas de jogos para treinamento mental no mercado, os estudos não revelam nenhuma evidência concreta de que as melhorias da capacidade de aprendizado por meio de um console sejam transferíveis para a vida cotidiana (isto é, os consoles parecem melhorar somente a capacidade de disputar jogos). Na realidade, há uma única ferramenta de que você precisa para propiciar ao cérebro um exercício completo: um baralho de cartas. Se quiser exercitar o cérebro plenamente, utilize minhas técnicas para aprender a memorizar um baralho, e, depois, continue praticando. Toda vez que praticar, fortalecerá os caminhos neurais para melhorar o funcionamento de todo o cérebro e não apenas da memória.

Se me sinto um pouco letárgico ou acho que minha mente está um pouco confusa, pego um baralho, memorizo-o e anoto meu tempo de memorização e de recordação. Então, tenho uma indicação firme quanto ao bom funcionamento do motor de minha cabeça. Se não estiver – se a recordação foi um pouco lenta ou se cometi erros –, volto ao treinamento (veja pp. 231-233) para assegurar que não vou deixar minha acuidade mental fugir.

O cérebro precisa de uma boa noite de sono

O sono é fundamental para o funcionamento apropriado da memória. Um artigo publicado na revista *Nature*, em 2010, concluiu que, durante o sono, o cérebro consolida seu aprendizado do dia anterior. Outro estudo realizado na Universidade de Chicago, nos Estados Unidos, indicou que, durante o sono, o cérebro estabelece e reforça os caminhos neurais para ligar memórias e aprendizado. O estudo mostra que o sono permite que o cérebro capture pensamentos, memórias e outros elementos do aprendizado, que podem parecer perdidos durante o dia. Na prática, é aquela sensação de que a coisa que você tinha se esforçado para lembrar durante o dia lhe volta à mente durante a noite. No estado mais relaxado, o cérebro permite que aqueles caminhos se abram e que as memórias que você achava que estavam perdidas venham à tona.

NO INTERIOR DE MINHA MENTE: UMA SEMANA EM MINHA VIDA

Como disse no início deste capítulo, acredito que minha memória atual é tão boa quanto sempre foi, se não for melhor, pois exercito o cérebro diariamente. Não só isso, mas também cuido da saúde física. A seguir, o resumo de minha semana típica de treinamento de memória.

DOMINGO
De manhã: eletroencefalograma (veja p. 141) para medir as frequências de ondas cerebrais e o equilíbrio entre os dois hemisférios. Corrida de 3,2 quilômetros.
À tarde: duas memorizações de quatrocentos números durante cinco minutos.

SEGUNDA-FEIRA

De manhã: sessão de vinte minutos no aparelho de AVS (veja pp. 147-148) para equilibrar a atividade elétrica no cérebro. Acompanhamento do eletroencefalograma.

À tarde: memorização com tempo determinado de dez baralhos embaralhados.

TERÇA-FEIRA

De manhã: corrida de 3,2 quilômetros.

À tarde: memorização da maior quantidade possível de palavras aleatórias durante quinze minutos.

QUARTA-FEIRA

De manhã: jogo de golfe. Uma hora de memorização de números, visando memorizar cerca de 2,4 mil números em sessenta minutos.

À tarde: visita a jardins públicos ou caminhada interessante para procurar possíveis novas jornadas. Utilizo uma câmera para filmar possíveis rotas, o que me permite revisar a jornada em uma data posterior, se necessário.

QUINTA-FEIRA

De manhã: corrida de 3,2 quilômetros.

À tarde: treino com nomes e rostos, usando a internet ou rostos que encontro em revistas e jornais.

SEXTA-FEIRA

De manhã: treino de números binários durante trinta minutos e também memorização rápida de dez baralhos.

À tarde: revisão do treinamento; controle dos tempos alcançados durante a semana, para assegurar que estou progredindo com a intensificação do treinamento.

SÁBADO

De manhã: corrida de 3,2 quilômetros.
À tarde: memorização de imagens abstratas durante quinze minutos e de datas e acontecimentos fictícios durante cinco minutos.

Além do treinamento específico da memória, consumo toda manhã uma tigela de cereais (como granola) ou mingau, no café da manhã. Meus almoços e jantares tendem a ser leves e saudáveis: peixe ou frango grelhado com legumes ou salada, e alguma fruta. Procuro evitar gorduras saturadas, como batatas fritas e bolos, mas saboreio um curry uma vez por semana. E, naturalmente, limito o consumo de álcool ou o evito completamente.

CAPÍTULO 30
DEPOIS DE FAZER TUDO ISSO, O QUE POSSO ESPERAR AGORA?

Todas as técnicas que ensinei e os exercícios que sugeri podem, se usados regularmente e com algum grau de dedicação, proporcionar uma memória perfeita a você. No entanto, o treinamento da memória também oferece muito mais. Descobri isso como subproduto da tentativa de expansão de minha memória aos seus limites. Embora seja incrível ter me tornado campeão mundial de memória diversas vezes, é realmente só por causa dos "extras" que acredito que o treinamento da memória mudou minha vida. Eis algumas das coisas fantásticas que acredito que podem acontecer como resultado da posse de uma memória incrível.

Melhoria da inteligência fluida
No século XX, o psicólogo britânico Raymond Cattell identificou que, em termos gerais, a inteligência humana pode ser dividida em duas categorias: cristalizada e fluida. A inteligência cristalizada resulta da informação que você definiu como aprendizado; ou seja, conhecimento que você pretendeu adquirir intencionalmente. A inteligência fluida, por outro lado, é mais intangível. É a inteligência que deriva da intuição, do raciocínio e da lógica.

Quanto mais apurada a inteligência fluida, mais capaz você é de raciocinar rapidamente, pensar abstratamente e solucionar problemas de maneira criativa e imaginativa, sem necessariamente utilizar conhecimento adquirido.

Uma boa maneira de pensar a diferença entre as duas é imaginar o que acontece quando uma criança aprende algo novo. Por exemplo, se uma criança aprender a contar até dez em francês, isso fornece uma nova peça de inteligência cristalizada. Apesar dessa nova peça de aprendizado, a inteligência fluida da criança, que é inata e distinta do aprendizado, permanece inalterada.

Os estudos mostram que usamos nossa inteligência fluida em uma grande variedade de tarefas cognitivas, sendo decisiva para nosso sucesso no trabalho e na educação, sobretudo quando a tarefa envolve a necessidade de solução de problemas complexos. Em geral, é medida por meio do controle do desempenho no teste psicométrico, isto é, da identificação de sequências em padrões e assim por diante. Embora possamos ficar acostumados com esses tipos de teste por meio da realização frequente deles, a prática, na realidade, não tem muita influência na melhoria da inteligência fluida. Eis por que o treinamento da memória no que diz respeito à melhoria da inteligência fluida é tão especial.

O treinamento da memória (operacional) de curto prazo e o acesso à inteligência fluida utilizam algumas das mesmas áreas do cérebro. Assim, o treinamento da memória pode ter um grande impacto sobre a inteligência fluida. Quanto mais você treina, maiores os ganhos em sua capacidade de aplicar lógica e raciocínio e mais aguçada fica a intuição.

Essa é uma notícia especialmente boa se você está preocupado com a crença comum de que a memória operacional declina com a idade (embora eu espero já ter aliviado seus temores). Se você treinar a memória com regularidade, a evidência sugere que a inteligência fluida permanecerá jovem, apesar da passagem dos anos.

Maior capacidade de concentração

No Campeonato Mundial de Memória, uma das modalidades mais difíceis para mim é a memorização de uma sequência de cem números ditos à razão de um número por segundo. O juiz lê cada número apenas uma vez, ou seja, se o competidor se distrair e perder a concentração, mesmo que por um segundo, a prova está perdida. Já mencionei que o Dominic que ia para a escola era quase incapaz de se concentrar em alguma coisa por mais do que alguns minutos seguidos. O treinamento da memória, sobretudo para eventos como a prova de números falados do campeonato, proporcionou-me os níveis necessários de disciplina mental para me concentrar durante horas seguidas.

A habilidade também se transferiu. Atualmente, sou mais do que capaz de me concentrar em uma palestra, ou em algo que alguém está contando para mim, mesmo ao longo de um período prolongado. Posso desativar minha concentração, se quiser, e, em seguida, posso ativá-la novamente, de acordo com minha vontade. Acredito que o treinamento da memória, mesmo em relação a coisas pequenas – como a memorização de uma lista de compras ou do lugar onde você estacionou o carro –, torna-o mais atento. É como acender a luz.

Se, como eu, você sofreu de DDA ou de outros problemas de atenção, tenho certeza de que minhas técnicas de memorização o ajudarão a aprender a entrar na "zona" ou no "fluxo", ativando sua concentração (e a desativando de acordo com sua vontade, se você preferir). Se você sempre conseguiu se concentrar bem, as técnicas só irão melhorar e aprimorar seus dons naturais.

Ganhando uma habilidade para o resto da vida

Fico feliz de dizer que todo o trabalho que você fez ao longo deste livro permanecerá com você para sempre. Depois do treinamento de sua memória e da realização de feitos de memorização, você alcançou um nível de conhecimento que o impedirá de perder a habilidade.

Claro que precisará praticar para alcançar os caminhos firmemente estabelecidos. Ninguém se torna um especialista em alguma coisa simplesmente lendo um livro, depois pondo-o de lado e esquecendo tudo o que ele disse. Se você quiser ser um campeão de qualquer coisa, você tem de sentir fome disso, ser persistente em seus esforços para conseguir alcançar o seu objetivo e estar preparado para investir em horas de treinamento.

No entanto, como já disse, o importante a respeito do treinamento da memória é que você pode encontrar situações cotidianas para praticar um exercício mental diário (veja pp. 203-214). Naturalmente, assim como andar de bicicleta, se você não praticar por um tempo, talvez vacile um pouco na próxima vez que tentar, mas as habilidades básicas sempre estarão com você.

Depois de não competir em provas de memória durante alguns anos, percebi que minha velocidade de memorização das informações diminuiu um pouco. No entanto, ainda sou capaz de realizar feitos de memória com relativa facilidade. Com um pouco mais de treinamento, retornar a – e vencer – campeonatos de memória está sempre ao meu alcance.

Então, se você não conseguir praticar por um tempo, não imagine que os caminhos que trilhou até aqui ficarão malcuidados. Todo o trabalho que você fez ainda está com você. Estimulo-o a suplementá-lo com a maior frequência possível, seguro no conhecimento de que, cada vez que você alcança um novo feito de memorização, desenvolve a habilidade que está adquirindo para o resto da vida.

CAPÍTULO 31
CONSIDERE O QUE VOCÊ PODE FAZER AGORA

Forneci os métodos e você os colocou em prática, memorizando listas de compras, listas de tarefas, sua agenda de trabalho, senhas e todas as outras coisas em que se pode utilizar a memória na vida diária. Com todos esses exercícios de memória, você deu ao cérebro muitas atividades fundamentais para levá-lo ao desempenho máximo.

Agora chegou a hora de medir seu progresso com alguns outros testes de memória (veja pp. 243-248). Os dois primeiros testes são semelhantes a aqueles expostos no início do livro, quando você fez as primeiras medições básicas. O objetivo deles é lhe dar uma ideia de quanto você melhorou desde aquelas primeiras pontuações, antes de ter o benefício de minhas técnicas para trabalhar.

Para oferecer-lhe algum encorajamento e alguma crença no que você já aprendeu, posso lhe dizer que, depois que ensinei a alguns alunos (com idades variando de 10 a 17 anos) o método da ligação, observei um aumento imediato em suas pontuações referentes à memorização de palavras. Depois que eles aprenderam os números-formatos, observei uma pequena melhoria na memorização de números. Contudo, depois que expliquei o Sistema

Dominic e como utilizá-lo com o método da jornada, os alunos deram um grande salto, tornando-se capazes de memorizar oitenta ou mais números em cerca de quinze minutos. Surpreendentemente, muitos deles começaram a atingir essas pontuações após apenas duas semanas de treinamento.

Lembre-se: esses testes são meramente indicadores de quão bem você está aplicando os métodos que aprendeu. Não almejo apenas ensinar-lhe a memorizar longas listas de números ou palavras, mas, sim, transmitir métodos para desenvolver uma memória poderosa, que você pode aplicar de maneira prática em todos os momentos de sua vida. Meus alunos me dizem que é exatamente isso que eles fazem, assegurando-me que funciona.

Se você seguiu os sistemas e ganhou confiança em relação a cada método antes de passar para o seguinte, espero que veja uma grande melhora em suas pontuações, exatamente como os meus alunos. Se for esse o caso, também quero lhe dar a oportunidade de praticar alguns exercícios que devem realmente desenvolvê-lo. Assim, após os testes de medição, apresentarei três outros exercícios muito semelhantes às provas do Campeonato Mundial de Memória. Não desanime se achá-los complicados, a intenção é essa. Meu palpite, porém, é que, com um pouco de prática, você se surpreenderá com o quão bem vai se sair.

EXERCÍCIO 15: redefinindo o básico

TESTE 1: palavras memorizadas em três minutos

Usando a estratégia que funciona melhor para você, memorize essa lista de trinta palavras em sequência (lendo as colunas da esquerda para a direita). Como no início do livro, ajuste um temporizador, para não precisar olhar para o relógio. Você tem três minutos para a memorização e todo o tempo de que precisar para a recordação. Escreva as palavras conforme você se lembra delas em uma folha e, em seguida, volte a olhar para a lista, para ver o quão bem foi. Atribua um ponto para cada palavra na ordem correta. Subtraia um ponto para cada palavra na ordem incorreta. Duas palavras colocadas na sequência errada contam como dois erros posicionais, portanto subtraia dois pontos. No entanto, retome a pontuação a partir da próxima palavra correta. Se você conseguiu memorizar somente quinze itens, por exemplo, sua pontuação máxima é 15 (isto é, não subtraia pontos de palavras não memorizadas).

BISCOITO	CRÂNIO	AGENDA
TESOURO	CADEIRA	BARBA
PATINS	ESCADA	PROFESSOR
CÃO	VESTIDO	ÂNCORA
FLAUTA	FLORES	OSSO
NÍQUEL	BEBÊ	PASTA
SANDUÍCHE	TESOURA	CHICOTE
COLHER	ALVO	CARTUM
ATLAS	IGLU	SANGUE
ESQUI	CEBOLA	MARIPOSA

Como você se saiu? Qualquer pontuação acima de 15 pontos é ótima. Se você obteve uma pontuação na casa dos 20 pontos, deve sentir-se realmente orgulhoso do que conseguiu. Se marcou abaixo de 15 pontos, não se desespere. Suas associações ainda não são bastante fortes. Você só precisa continuar praticando, de modo a criar ligações fortes, que repercutam profundamente em sua mente. Encontre maneiras de praticar suas técnicas de memória em sua vida diária (veja pp. 203-214).

TESTE 2: números memorizados em três minutos
De novo, usando o método que você preferir, memorize os trinta números a seguir, lendo da esquerda para a direita, em três minutos. Adicione um ponto para o número correto, na posição correta. Subtraia um ponto pela colocação no lugar incorreto de um número (de novo, dois números na sequência incorreta contam como dois erros posicionais, então você subtrairá dois pontos, e assim por diante).

4	2	1	6	6	3	0	0	7	1
9	5	8	0	4	5	5	9	2	7
3	8	1	1	2	9	3	4	5	7

Como você pontuou em comparação com sua primeira tentativa na memorização de números, no início do livro? Se marcou 15 pontos ou mais dessa vez, você claramente entendeu como converter listas de números em itens que são mais memoráveis. Continue até obter todos os números corretos. De novo, se não pontuou tão bem quanto esperava, persevere. A perfeição virá com a prática.

Testes de memória avançados

TESTE 1: palavras memorizadas em cinco minutos

Você tem cinco minutos para memorizar a maior quantidade possível de palavras, em ordem (lendo a coluna no sentido descendente), e todo o tempo de que precisar para a recordação. Adicione um ponto para cada palavra recordada na posição correta. Subtraia dez pontos para um erro em uma coluna. Perca toda a coluna para dois ou mais erros. Uma pontuação de 20 palavras é boa; 30 ou mais é excelente. Para este teste, no Campeonato Aberto do Reino Unido, a melhor pontuação corresponde a 70 pontos.

ASSOBIO	PESSOA	BANCO
INDÚSTRIA	PIRULITO	AEROSSOL
TRINCO	VÍBORA	ABADIA
BARRA	FLECHA	EQUADOR
EXTINTOR	MAJOR	CALHA
COMETA	CONTA	PONTO
PÉTALA	ZINCO	ENFEITE
DIPLOMA	AGRICULTOR	SILHUETA
CARROÇA	CAMELO	NICHO
CASCO	LEVEDO	MANDARIM
VESPA	CEGONHA	GRALHA
EXPOSIÇÃO	CAMA	GLADIADOR
POODLE	FUNGO	VINGADOR
BRINQUEDO	MAÇÃ	MANSÃO
BROTO	CÔMICO	PEDESTAL

OUTONO	FATO	URNA
FALCÃO	ARPÃO	OPALA
INTERNET	INCHADO	ERVA
MÉDICO	BASSÊ	PAPAGAIO
GUARDA-CHUVA	VESPÃO	SUBMARINO
IMPORTAÇÃO	DEMÔNIO	DENTE
ROLETA	ENQUETE	APÓSTROFE
CERA	SUJEIRA	AQUEDUTO
DÍGITO	MOSTRADOR	PROCESSO
GEÓLOGO	CASTOR	INTERLÚDIO
FLORETE	LENÇO	RATO
GASTRONOMIA	INCA	ESCORREDOR
GUINDASTE	EXEMPLO	ESGOTO
TEMPLO	COBRA	BULDOGUE
PICA-PAU	DONINHA	GÁRGULA
REMÉDIO	IGUANA	BÚSSOLA
ACORDEÃO	SABÃO	ILUSÃO
ROCHA	LASER	
BESTA	GÊISER	

TESTE 2: números memorizados em cinco minutos
Você tem cinco minutos para memorizar a maior quantidade possível de números, em ordem, linha por linha. Adicione um ponto para cada número correto, na posição correta. Para um erro em uma fileira, subtraia 20 pontos; para dois ou mais erros em uma fileira, subtraia a fileira inteira. A pontuação máxima é 440. Uma pontuação de 20 a 30 é boa; de 31 a 40 é excelente; mais de 40, você torna-se um campeão em potencial. O recorde mundial é de 405 pontos.

3 4 8 3 1 1 3 9 5 8 5 7 6 7 8 5 2 7 7 3 1 5 1 6 6 4 7 2 8 0 3 5 0 6 1 9 3 5 9 7
8 5 6 8 4 6 0 5 3 5 6 1 2 3 1 8 2 8 5 8 8 5 6 5 0 4 4 3 5 7 4 9 3 0 1 6 0 3 9 7
0 2 0 1 2 9 9 6 8 4 4 9 4 0 5 0 2 9 7 1 3 7 4 9 5 3 8 2 6 3 4 2 3 9 9 2 5 0 3 1
0 2 2 2 9 9 8 5 1 1 3 8 4 2 5 4 4 6 2 0 5 4 7 2 9 4 0 6 9 4 0 4 1 9 7 4 6 6 1 0
9 1 2 9 7 3 7 5 0 4 1 9 1 3 9 6 9 7 8 7 3 0 5 3 9 0 9 2 2 3 0 6 2 2 7 9 9 3 8 0
9 0 9 2 3 6 2 5 2 8 6 5 3 9 5 3 4 6 5 0 4 0 7 6 7 8 5 9 9 1 3 2 2 4 2 1 8 7 7 3
2 3 7 8 1 8 6 4 5 1 9 1 5 8 6 2 3 7 1 3 0 8 0 1 0 0 6 0 9 8 1 4 4 0 5 5 8 6 6 0
7 3 4 3 7 1 5 8 8 1 0 2 6 4 2 2 7 5 3 3 8 9 4 5 1 7 8 3 5 5 6 0 8 4 2 1 4 0 9 8
7 3 4 4 7 1 6 5 8 8 9 0 2 6 9 8 2 5 1 5 1 4 9 8 1 0 7 8 8 8 4 1 1 2 9 3 1 3 8 7
2 2 9 6 9 9 1 0 3 5 2 8 5 2 9 6 9 5 4 2 3 9 6 7 1 0 6 0 2 1 5 2 2 2 2 5 7 4 6 5
1 6 2 5 6 4 5 3 6 7 3 5 5 3 4 4 7 5 8 4 0 6 5 5 9 7 7 7 2 8 3 5 4 0 7 3 5 6 3 5

TESTE 3: números binários memorizados em cinco minutos
Você tem cinco minutos para memorizar os números binários, linha por linha. Adicione um ponto para cada número binário na posição correta (750, no máximo). Subtraia 15 pontos para um erro em uma linha; subtraia 30 pontos para dois ou mais erros. Uma pontuação de 30 a 60 é boa; mais de 60 é excelente. O recorde mundial é de 870 pontos.

1 1 1 0 1 1 1 0 0 1 0 0 1 1 0 0 0 1 0 1 1 0 1 1 1 1 0 1 1 0   Linha 1
1 1 0 1 1 1 0 1 1 1 1 1 1 1 1 1 0 0 1 0 1 0 1 1 1 1 1 0 0 1   Linha 2
0 1 0 1 1 0 1 0 0 1 1 1 0 0 1 0 0 1 0 0 0 1 1 0 0 0 1 1 0 0   Linha 3
0 0 0 0 1 0 1 1 1 0 0 0 0 1 0 1 0 0 0 1 0 0 1 0 1 1 1 1 0 1   Linha 4
0 1 1 1 0 1 1 1 1 0 1 0 0 0 1 0 1 0 1 1 1 1 0 1 0 0 0 1 1   Linha 5
1 1 1 0 0 1 0 1 0 0 0 0 1 0 0 1 0 0 0 1 1 0 0 1 0 1 0 1 1 1   Linha 6
1 1 1 1 1 1 1 1 1 1 1 1 0 0 0 0 1 0 1 1 0 1 1 1 1 1 0 0 0 0   Linha 7
1 0 1 0 0 1 1 0 0 1 1 1 0 1 0 1 1 0 0 0 1 1 1 1 1 0 0 0 1 0   Linha 8
0 1 1 0 0 1 0 1 0 1 0 0 0 1 1 1 0 0 0 1 1 0 1 0 0 0 1 0 1 1   Linha 9
1 0 1 1 0 0 1 1 1 1 0 0 0 0 1 0 1 1 0 0 0 1 0 1 0 0 0 0 1 0   Linha 10
1 0 0 1 1 1 0 0 0 0 0 1 1 1 0 0 1 1 0 0 1 1 1 1 1 0 1 0 1 0   Linha 11
1 1 0 0 1 0 1 0 1 1 0 0 1 0 1 0 1 1 0 1 0 1 1 0 0 0 0 1 1 0   Linha 12
1 0 1 0 1 1 0 0 1 0 0 1 0 0 0 1 1 0 1 1 0 0 0 1 1 1 1 1 0 0   Linha 13
0 1 0 1 0 0 0 1 1 0 1 1 1 1 1 0 1 1 1 1 0 0 1 1 1 1 1 1 0 0   Linha 14
1 1 1 1 0 1 1 0 0 1 1 0 1 1 0 1 0 0 0 1 1 1 1 1 1 0 1 1 1 1   Linha 15
1 1 1 0 1 0 1 0 0 0 1 0 0 0 0 1 1 0 0 1 1 1 1 0 1 0 1 1 0 0   Linha 16
0 0 0 1 1 1 0 0 0 0 0 1 1 1 0 1 0 0 0 0 0 0 1 1 1 1 1 0 0 0   Linha 17
1 0 0 1 0 1 1 1 1 0 0 0 0 0 1 1 1 0 0 0 0 0 1 1 1 1 1 0 0 1   Linha 18
0 0 0 1 1 0 0 1 0 1 0 1 1 1 0 1 1 0 0 1 1 1 0 0 1 0 1 0 1 1   Linha 19
0 0 0 0 0 1 1 0 0 1 1 0 1 0 0 0 0 0 0 0 0 0 1 0 1 1 1 0 0 1   Linha 20
0 0 0 1 1 1 1 1 1 1 0 1 1 0 0 1 0 0 0 0 0 1 1 0 0 1 1 1 0 1   Linha 21
0 1 0 0 1 0 1 0 0 0 0 0 1 0 1 0 0 1 1 0 1 1 0 0 0 0 1 0 1 1   Linha 22
1 0 0 1 1 0 1 0 0 1 1 0 1 0 0 1 1 1 0 1 1 0 1 1 1 1 0 1 1 0   Linha 23
1 0 1 1 0 1 0 0 0 1 1 0 1 1 0 0 1 0 0 0 1 0 0 1 1 1 1 1 1 1   Linha 24
0 1 0 0 0 1 0 0 1 0 1 1 1 1 0 1 1 0 0 0 1 0 1 0 1 1 0 1 0 1   Linha 25

EPÍLOGO
OS CAMPEÕES DO FUTURO

Desejo terminar este livro com um breve comentário de por que acho que a transmissão de minhas técnicas para uma memória perfeita é tão importante e por que quero que você também as transmita. Quando estava na escola, ninguém mostrou para mim como aprender. Como meus colegas, eu devia absorver e processar o conhecimento da melhor maneira possível e, em seguida, regurgitá-lo nas provas, para mostrar o que tinha fixado. Olhando para trás, acho que teria me saído muito melhor se alguém tivesse me dado algumas dicas básicas de memorização.

Hoje em dia, nossas crianças são ensinadas de um modo completamente diferente daquele a que fui submetido. Quando estava na escola, a ênfase era sobre o aprendizado mecânico e tudo era uma questão do que conseguíamos memorizar de um livro e, em seguida, pôr no papel em uma prova. Atualmente, as crianças devem mostrar o que aprenderam não apenas por meio de provas, mas mediante projetos e tarefas práticas. Elas têm de mostrar que entenderam verdadeiramente aquilo que lhes foi ensinado.

No entanto, apesar dessas mudanças, uma memória treinada continua a ser uma ferramenta inestimável para a melhoria do entendimento. Seja qual for a maneira pela qual as crianças aprenderam, elas se desenvolvem diariamente com base nas informações adquiridas no dia, na semana, no mês e no ano anterior. Na escola, a memória é tão fundamental hoje quanto sempre foi se queremos criar um futuro cheio de mentes brilhantes e focadas, que aspiram alcançar o pleno potencial.

Em 2008, envolvi-me na apresentação de técnicas de memorização nas escolas britânicas. A ideia não era ensinar truques de memorização, mas mostrar aos estudantes como, ao praticar "jogos" que usam a memória, eles podiam melhorar seu aprendizado. Enviamos apresentadores para as escolas a fim de realizar demonstrações de duas horas. Os estudantes passaram as semanas seguintes praticando o que lhes foi ensinado e, depois, participaram de uma competição na escola. O formato funcionou: estudantes, professores e pais nos contaram que as habilidades que ensinamos tinham sido facilmente transferidas para o estudo real. Viram estudantes alcançarem sucesso acadêmico, experimentarem melhoria da autoestima e descobrirem maior motivação para aprender e estudar. O entusiasmo foi tanto que criamos o Campeonato de Memória das Escolas do Reino Unido, o qual, atualmente, conta com mais de 10 mil participantes por ano.

O que os estudantes, seus responsáveis e eu percebemos é que o treinamento da memória, utilizando as técnicas apresentadas neste livro, mobiliza todo o cérebro e não só as funções envolvidas no processamento linear da informação. Dessa maneira, sim, as técnicas teriam me ajudado muito na época do aprendizado mecânico, mas beneficiam os estudantes hoje, uma vez que dão muito mais do que simplesmente capacidade de memorizar uma lista de fatos. Quando utilizamos as técnicas de memorização, sejamos crianças ou adultos, fazemos ligações entre unidades de informação díspares por meio de imagens exuberantes e imaginativas. As técnicas estimulam nossas mentes e revelam como a memória – e o aprendizado – funcionam.

A única opinião discordante que ouvi a respeito dos métodos que sugeri para as escolas foi a de um professor que me perguntou: "Do que adianta ensinar memória? Aprender não é uma questão de lembrar. É uma questão de entender". Pedi-lhe um exemplo de algo que ele tinha entendido que não envolvia a função da memória. Ele não me respondeu.

Embora não concorde com esse professor, entendo sua relutância. De que adianta memorizar uma sequência de 2 mil números ou vinte baralhos? Por outro lado, de que adianta correr em volta de uma pista de 400 metros o mais rápido possível quando tudo que você realmente está fazendo é andar em círculos? De fato, de que adianta onze pessoas adultas chutarem uma bola de uma extremidade de um campo para tentar colocá-la em uma rede da outra extremidade, enquanto outras onze pessoas adultas tentam impedi-los? O importante, seja futebol, corrida, tênis, seja hóquei no gelo, dardos, memória ou qualquer outro jogo que queira mencionar, é que o processo de chegar lá, de ter sucesso, envolve o aprendizado em diversos níveis: aprender a como ser bom em algo, a como aceitar o fracasso e persistir até ter êxito, a sentir orgulho de suas conquistas (e ter dignidade na derrota), a se sentir bem a seu respeito.

Os esportes de campo exercitam o corpo; aprender a sequência de 52 cartas (inútil se considerado por si só) exercita o cérebro e oferece a prova irrefutável da capacidade ilimitada da imaginação. Quando as crianças, ou qualquer um de nós, praticam o treinamento da memória, coloca-se em ação o pensamento criativo. Ao começarmos a estender os limites do que achamos que era possível e a revelar o real potencial de nossos cérebros incríveis, experimentamos um aumento repentino de autoconfiança. Quando as crianças, em particular, descobrem o poder da memória, alcançam o cerne do processo de aprendizado e começam a entender que o trabalho de absorção do conhecimento pode ser divertido, inspirador e gratificante; não só algo que a mãe, o pai e um grupo de professores dizem que tem de ser feito. Além disso, com a evidência crescente de que o treinamento da memória operacional aumenta a inteligência fluida (a função cerebral que permite pensar lateralmente para solucionar um problema, sem necessariamente se conformar com padrões predeterminados; veja pp. 235-237), podemos dizer que a relevância do ensino de habilidades associadas à memória é óbvia.

Espero que você tenha apreciado sua jornada comigo. Escrever este livro me conduziu por minha própria história pessoal com esse jogo da memória, e espero que eu tenha lhe permitido ver como o treinamento de sua memória incrível pode trazer não só a recordação perfeita, mas também muito mais. Dê uma olhada em minha linha do tempo na próxima página para sentir-se inspirado. Quem sabe nos encontramos em um campeonato de memória no futuro? Espero que sim!

NO INTERIOR DE MINHA MENTE: SABENDO QUE ISSO VALE A PENA

Há alguns anos, convidaram-me para fazer uma apresentação em diversas escolas de estudantes com fraco desempenho escolar. Passei três horas com essas crianças, fazendo demonstrações de memória e pedindo para elas realizarem feitos de memória sozinhas. Foi a primeira vez que ensinei para um grupo de crianças em idade escolar. No caminho de volta para casa, perguntei-me se tinha sido um exercício compensador. Eu tinha conseguido inspirar as crianças ou só tinha proporcionado uma diversão interessante? Elas voltariam para seus hábitos normais ou tinham aprendido uma lição valiosa – uma nova habilidade que poderia tornar possível o trabalho do aprendizado?

Cinco anos depois, estava ajudando a organizar o Campeonato de Memória do Reino Unido, em Londres, quando um rapaz deu um tapinha em meu ombro e disse: "Senhor O'Brien, o senhor não vai se lembrar de mim, mas, há alguns anos, quando eu era estudante, acompanhei sua sessão de prática de memorização". Ele era um dos presentes naquele primeiro grupo de estudantes. Disse-me que eu tinha lhe dado o exemplar de um dos meus livros. Ele levou um tempo para começar a lê-lo, mas quando começou, tudo o que eu lhe ensinei naquele dia retornou e, de repente, fez sentido.

O rapaz me contou que usou as técnicas para ajudá-lo a passar nas provas e, naquele momento, ele tinha entrado na universidade. Quando perguntei o que ele estava fazendo no campeonato, respondeu, com orgulho, que era um competidor. Naquele ano, ele alcançou o oitavo lugar e, no ano seguinte, ganhou a medalha de prata, só perdendo para Ben Pridmore, o campeão mundial.

Se alguma vez duvidei da utilidade de compartilhar minhas técnicas, considero essa história como a confirmação dos benefícios do que faço. Se puder fazer a diferença para apenas uma criança em uma sala de aula, então cada minuto gasto ensinando e compartilhando o que aprendi valeu a pena.

NO INTERIOR DE MINHA MENTE: LINHA DO TEMPO DE MEUS FEITOS DE MEMORIZAÇÃO

Data	Feito de memorização
1987	*Início do treinamento de memorização; primeiro baralho memorizado em 26 minutos*
1989	*Recorde mundial: 6 baralhos*
11 de junho de 1989	*Recorde mundial: 25 baralhos*
22 de julho de 1990	*Recorde mundial: 35 baralhos*
26 de outubro de 1991	*Campeão do Campeonato Mundial de Memória (1ª vez)*
8 de agosto de 1993	*Campeão do Campeonato Mundial de Memória (2ª vez)*
26 de novembro de 1993	*Recorde mundial: 40 baralhos*
1994	*Prêmio Cérebro do Ano, concedido pelo Brain Trust*
25 de março de 1994	*Recorde mundial: memorização de um baralho em 43,59 segundos*
1995	*Prêmio Grande Mestre da Memória, concedido pelo príncipe Philip, de Liechtenstein*

21 de abril de 1995	Campeão do primeiro World Matchplay Championships
6 de agosto de 1995	Campeão do Campeonato Mundial de Memória (3ª vez)
1996	Recorde mundial: memorização de um baralho em 38,29 segundos
4 de agosto de 1996	Campeão do Campeonato Mundial de Memória (4ª vez)
23 de agosto de 1997	Campeão do Campeonato Mundial de Memória (5ª vez)
27 de agosto de 1999	Campeão do Campeonato Mundial de Memória (6ª vez)
22 de agosto de 2000	Campeão do Campeonato Mundial de Memória (7ª vez)
2001	Recorde mundial: memorização de dois baralhos simultaneamente
26 de agosto de 2001	Campeão do Campeonato Mundial de Memória (8ª vez)
1º de maio de 2002	Recorde mundial: 54 baralhos
2005	Prêmio pelo conjunto da carreira e por promover a memória em todo o mundo, concedido pelo Campeonato Mundial de Memória
2008	Cofundador e coordenador-chefe do Schools Memory Championships
2010	Diretor-geral do World Memory Sports Council

ÍNDICE REMISSIVO

Acrônimos 189-190
Ajudas tecnológicas 144-148
Álcool 228-229
Associações, criação 33-34,
  35-39, 41-44
  com imagens abstratas 169-171
  com nomes 160-163

Banco de jornadas 83-90
Buzan, Tony 118, 150, 176

Campeonato Mundial de
  Memória 95, 117-119,
  149-152, 154-155, 160, 237
Cartas de baralho, memorização
  22-25, 53-58, 85-86, 90,
  92-95, 135-139
  com jogos de cartas 132-134
  diversos baralhos 123-130
  truques em festas 217-220
Carvello, Creighton 22, 23, 83,
  104, 150, 151
Cattell, Raymond 235
Compromissos, memorização
  205-209, 210
Concentração 237-238
Conversa, continuando com a
  209-214

Datas, memorização 194-195
Dieta 226-227, 233
Dígitos binários, memorização
  153-158
Discursos, memorização 89,
  175-180
Distúrbio de déficit de atenção
  (DDA) 209-212, 238

Ebbinghaus, Hermann 199-201
Efeito de prática distribuída
  200-201
Eletroencefalograma (EEG) 141
Emoções 35-39, 47-48, 87,
  137-139
Estimulação audiovisual (AVS)
  147, 148
Estimulação mental 229-230
Estratégia de aprendizado
  espacial 77-79
Estratégias de revisão 91-97,
  128-129, 164, 195-201
Estudo e aprendizado 191-201
Exercício físico 222-224

Fatos, memorização 185-190
Função cerebral 15-17, 48, 75,
  77-78, 141-148, 157, 211
  mantendo a saúde 221-233
  ondas cerebrais 141-143

Ginkgo biloba, extrato 228

Habilidades de leitura 192-193
Hancock, Jonathan 85
Hipocampo 78, 224, 225, 228

Imagens abstratas, memorização
  169-173
Imagens complexas 119-121,
  131
Imaginação 26, 27-31, 33-34
Inteligência cristalizada 235-236
Inteligência fluida 235-237

Karsten, doutor Gunther 97, 224
Keene, Raymond 118, 149-150
Konrad, Boris 160

"Limite de esquecimento" 164-
  -165, 195
Livros, memorização 217-220
Loci 67-68

Memória 16-18, 21-22
  episódica 79-80
  Método da jornada 59-64, 65-
    -75, 77-82
  locais internos/externos 81, 89
  para relaxamento 225-226
  Método da ligação 45-50,
    180-183
  Mind Maps® 176-179, 193
Mnemônica 185-190
Mnemosine 190

Narrativas 49-50, 170-171
Neurofeedback 146-147
Nomes e rostos, memorização
  89, 144-145, 159-167
Número-formato 100-102
Número-rima 103-104
Números, memorização 20, 99-
  -107, 109-115, 117-121, 244,
  247-248

O'Brien, Dominic
  acidente quando bebê 29-30
  banimento de cassinos 132
  campeão do Campeonato
    Mundial de Memória 95,
    149-152
  celebridade 159
  época escolar 7-8, 36, 201
  esforços iniciais 22-26
  linha do tempo, feitos 254-255
  melhoria com a idade 221
  recordes mundiais 85-86, 92,
    151, 154
  regimes de treinamento
    144-145, 223-224, 228-229,
    231-233
  trabalhando com alunos
    249-252

Palavras, memorização 19-20,
  243-244, 245-246
Parada de sucessos,
  memorização 185-188
Pi, memorização 104-107
Piadas, memorização 180-183
Primazia e recenticidade 195-198
Proust, Marcel 34

Regra de cinco 92-97, 128-129,
  195
Relaxamento 225-226

Sentidos 31, 35-37, 75
Sessões de treinamento em
  empresa, memorização 183
Simônides de Ceos 68
Sistema Dominic 109-115,
  117-121
  para cartas de baralho 128
Snowden, David 222
Sono 230-231
Sperry, Roger 15

Treinamento diário de memória
  203-214
Truques em festas 215-220
Twain, Mark 175

Uíste 132-134

Velocidade de memorização
  135-139
Von Restorff, efeito 80-82, 198